The Complete
Conversations With God Ⅲ（Vol. 3）

與神對話Ⅲ 下

尼爾・唐納・沃許——著
孟祥森——譯

目錄
CONTENTS

16 所有的孩子終有一日全會回家

你的話語使我充滿了敬畏，謝謝你以這樣的方式與我同在，謝謝你跟我們所有的人同在。

不客氣，我也謝謝你們與我同在。

我還有一些問題，一些跟「高度演化的生物」相關的問題；問完了，我就可以允許自己結束這對話了。

我所愛的，你永遠不會結束這對話，你也永遠沒有必要，你跟神的對話將永遠繼續下去。而現在，由於你積極的從事這對話，這對話便很快會帶來友誼。一切良性的對話最後都會產生友誼，你跟神的談話也將產生你跟神的友誼。

我感覺到了，我感覺到我們實際上已經變成了朋友。

正像一切關係一樣，這友誼如果得到滋養、照亮，讓它成長，到最後則將產生交流感。你將感覺到及經驗到與神的交流。

這將是神聖的交流（Holy Communion），因為我們將一體發言。

那麼，這對話還會繼續嗎？

會，永遠！

在本書結束時，我不用說再見？

你永遠不用說再見，你只需說哈囉。

你真是太棒了，你知道嗎？你真是棒透了！

你也是，孩子，你也是。

我所有各處的孩子，個個都是。

你「所有各處」都有孩子？

當然。

我的意思是：所有的地方，在其他星球上也有生命？在宇宙別的地方，你也有孩子？

當然。

那些文明更進步嗎？

有些是。

什麼方面進步？

各方面，科技、政治、社會、精神、生理與心理。

比如你們那麼喜好比較，你們總是需要把樣樣事物都分成「好」「壞」「高」「下」，這就證明你們還是沉陷在二元對立中；沉陷在分別主義中。

在更先進的文化中你觀察不到這類特點？你所說的二元對立是什麼意思？

社會的進化層次無可避免的會反映在它的二元思考程度上。社會的進化是以它走向一體性的程度來證明，而非以它走向分別主義的程度。

為什麼？為什麼一體性是這樣重要的尺度？

因為一體才是真相，分別則是幻象。一個社會如果仍舊自視為分別——一系列的分別單元，或許多的分別單元之集合體——則它就仍活在幻象中。

你們星球上的一切生活，都建立在分別觀上；建立在二元對立上。

你們以為自己是分別的家庭或家族，聚成分別的鄰里或州郡，再聚集為分別的國家，合成為一個分別的世界或星球。

你們以為你們的世界是宇宙間唯一有生物棲息的世界，你們以為自己的國家是地球上最好的國家，你們以為你們這一州是國家中最好的州，你們的家庭是州中最好的家庭。推到最後，你認為自己是家庭中最好的成員。

哦，當然，你們嘴巴上不會這樣講，但你們做出來的事卻證明你們這樣想。

你們真正的想法天天都會在你們的抉擇中反映出來。社會方面的決定，政治方面的結論，宗教方面的決議，經濟方面的選擇，還有許多個人事務的抉擇：選什麼人做朋友，選什麼信仰體系，甚至選擇跟神——也就是我——有什麼關係。

你們覺得跟我是如此分離，以致你們以為我甚至不會跟你們說話。因此，你們就被人要求否認自己的體驗。你體驗到你跟我是一體的，可是你拒絕相信。如此，你們不但彼此分離，而且跟自己的真相分離。

人怎麼可能跟他自己的真相分離？

藉由忽視，明明看見卻否認；或藉由改變、扭曲，來符合你們先入為主的觀念。就以你此處提出的問題為例。你問：其他星球上有生命嗎？我答：「當然。」因為這再明顯不過。那麼明顯，以至於我很吃驚你竟然會問這個問題。

然而，人就是這樣「跟他的真相分離」的。他明明眼睛看到，無可否認，卻就是否認。否認是此處的機制，但沒有任何否認比自我否認更為有害。

你們整個一生幾乎都在否認自己真正是誰，真正是什麼。只去否認一些並非完全個人性的事情已經是夠可悲了，比如臭氧層的破洞、古老森林的摧殘、對待未成年人的可怕方式等等。但你們不以否認周遭可見的事物為足，你們連明明可見的內在事物也要否認。

你們看到自己內心的善良與悲憫，卻要否認；你們看到內心的智慧，卻要否認；你們看到內在的無限可能性，卻要否認。你們在內心看到神，體驗到神，卻要否認。

你們否認我在你們內心——否認我是你們——以此否定了我明顯而正當的居所。

我沒有。我沒有否認你。

你承認你是神嗎？

呃，我不會這樣說……

正是這樣。我告訴你：「雞啼以前，你會三次否認我。」

以你的意念，你將否認我。

以你的言詞，你將否認我。

以你的行為，你將否認我。

在你心中，你知道我與你同在，我在你之內，我們是一個；然而你否認我。

哦，你們有些人會說，我在是在，不過離你們很遠，在某處之外。你們想像我離你們越遠，你們就離自己的真相越遠。

生活中許多別的事也一樣——從自然資源的濫用到對兒童的虐待——你們明明看到，卻不相信。

可是為什麼？為什麼？為什麼我們看到卻不相信？

因為你們是這般沉陷在幻象中，這般深沉的沉陷在幻象中，以致你們看不透。事實上，為了讓幻象得以持續，你們必須看不透，這就是神聖二分法。

只要你們仍在尋求去成為我，你們就必須否認我，而你們正在尋求成為我。然而，凡你們已經是的，你們便不可能去成為。因此，否認有其必要性，那是有用的工具。

直至它不再有用。

大師知道，那些想要讓幻象持續的人，會否認；那些想要讓幻象終止的人，則會用接受。接受，宣布，實證——這是走向神的三個步驟。接受你真正是誰，是什麼；宣布它，讓全世界聽到；以所有的方式實證。

自我宣布總是隨著實證。你們會證明自己是神——正如你現在證明你自以為是的自己。你們整個的一生都是這樣的證明。

然而這個證明卻會讓你面對最大的挑戰，因為當你不再否認自己的那一刻，他人就會否認你。

當你宣布與神同在的那一刻，他人就會宣布你與撒旦為伍。

當你們述說最高真理的那一刻，他人就會說你們述說的是最低的褻瀆。

也正如那些以溫柔的方式證明其境地的大師們一樣，你們將既受崇拜，又遭辱罵；既受推崇，又被貶低；既受讚揚，又要被釘在十字架上。因為對你們來說，這循環固然已經走完，但那些仍然生活在幻象中的人，卻不知該如何對待你們。

我會遇到什麼？我不懂。我搞糊塗了。我認為你一再說過，幻象會持續，這「遊戲」必須繼續，不然就沒戲可唱了。

沒錯，我說過。事實也正如此，遊戲真的在繼續。因為你們一兩個人終止了幻象的循環，並不能使遊戲終止——對你們而言，對其他遊戲者而言，都是如此。

一直到一切的一切都成為一體，遊戲才會終止。然而即使那時也仍未終止，因為在那一切的一切神聖再結合的一刻，那福氣將如此莊嚴華美，如此濃烈，以至於我——我們——你將名副其實的因歡樂而爆炸，於是循環再度開始。

我的孩子，那是永無終止的，遊戲永無終止。因為這遊戲就是生命本身，生命就是「我們是誰」。

那麼，那達到了精純境界、那已知曉了一切的個體單元——或如你說的「那一切的某部分」——又會遇到什麼情況呢？

大師知曉只有他自己的循環已經完成，她知曉只有她自己對幻象的體驗已經終止。

大師欣然而笑，因為她看出那總體規畫，大師看出即使她完成了她的循環，遊戲卻仍在進行；經歷仍在繼續。大師也看出現在他可以經歷的角色，大師的角色是去引導他人走向精純。因此，大師繼續扮演，唯方式不同，工具不同。因為既然看出了幻象，就會讓大師步出幻象。大師在認為符合自己的目的與樂趣時，隨時步出。以此，她宣布並證明她的精純，而被他人稱為神或女神。

當你們這一物種被帶到精純的地步，你們整個物種（因為真的是一整個）就可輕易穿越時空（當你們掌握了你們物理法則後，就能掌握這等法則）。你們會想去協助其他物種、其他文明，來達到這精純境地。

正如現在其他物種、其他文明在對我們做的？

正是，完全對。

只有當全宇宙中所有的物種都達到精純——

或者如我所說的，只有當我的一切部分（All of Me）都已知曉了一體——

——循環的這一部分才會終止。

你說得好，因為循環的本身永不終止。

因為循環這一部分的終止正是循環本身！

棒啊！精采啊！

你已經明白了！

所以，沒錯，其他星球上有生命。沒錯，其中有許多比你們先進。

什麼方面？你還沒有真正回答過。

我回答了。在各方面，科技、政治、社會、精神、生理、心理。

沒錯。舉一些例子，好嗎？你那些回答太籠統了，對我沒什麼意義。

你知道，我喜歡你的真誠。並不是人人都會眼睜睜的看著神，宣稱他所說的話沒有意義。

真的？那你要怎麼辦？

真的。你真的態度正確。因為，你當然是對的。你盡可以挑戰我，對抗我，懷疑我，而我什麼該死的事都不會做的。

但無論如何，我會做一件好事：就像這套對話集。不是嗎？這對話集不是一件好事嗎？

是的，真是一件好事。許多人受惠，千百萬的人受到感動。

我知道。這全是「總體規畫」（master plan）的一部分。這規畫是為了讓你們成為大師（masters）。

你從開始就知道這一套三部曲會極為成功？真的？

我當然知道。不然你以為是誰讓它這麼成功的？你以為讀這套書的人是怎麼找到這套書的？

我告訴你：每一個接觸到這份資料的人我都認識，每個人接觸這份資料的原因我也知道。每個人自己也知道。

唯一剩下的問題是，他們還會再次否認我嗎？

這對你有影響嗎？

一點也沒有。我所有的孩子終有一日全會回家。這不是他們會不會回家的問題，而是何時，因此，這會影響到他們。所以那有耳能聽的，就聽吧。

是的，呃——我們正在談其他星球上的生命，你正要舉例說明他們如何比地球上的生命進步得那麼多。

在科技方面，大部分其他的文明都遠比你們進步，也有比你們落後的——姑且這麼說——但為數不多，大部分都遠比你們超前。

在什麼方面？請舉實例！

好吧。例如氣候，你們似乎不能控制氣候（你們甚至連預測都做不好），因此，你們受氣候擺布。大部分其他世界並不如此，大多數星球上的生物都能控制當地的氣候。

他們能？我以為一個星球上的氣候是它跟太陽之間的距離，和它的大氣層結構等等的產物。

這些情況設定了參數，但在這參數之內還有許多事情可做。

怎麼做？在什麼方面？

靠控制環境，靠在大氣層中創造或未能創造某些條件。

你明白，這不僅是你們與太陽相互位置的問題，而且是你們把什麼東西置於你們與太陽之間的問題。

你們把最危險的東西置於你們的大氣層中，卻又把某些重要的東西從中取走，可是你們卻矢口否認，也就是說，你們大部分否認。當你們之中那些頭腦最好的人，向你們無可置疑的證明了你們所造成的破壞時，你們不承認。你們說那些頭腦最好的人是瘋子，說你們知道得比他們清楚。

不然你們就說這些聰明的人別有企圖，別有用心，想保護他們的私利。其實是你們別有企圖，是你們別有用心，是你們想要保護你們的特殊利益。

而你們最主要的關懷就是你們自己。不論多麼科學的論據，不論多麼不容迴避，只要違背你們的私利，你們就一概否認。

這話說得很嚴厲，我不能確定是不是符合事實。

真的？你是說神在說謊？

我當然不會這樣說，其實……

你知道你們世界各國花了多少時間才同意不再用氟氯碳化物來毒害大氣層嗎？

嗯……嗯……

好吧，沒什麼。那麼，你認為為什麼要那麼久呢？沒關係，我告訴你，那是因為不再毒害大氣層會讓許多大公司花掉許多錢。花那麼多時間才能同意，是因為那會讓許多人不方便。

要花那麼多時間，是因為多年來許多人、許多國家否認這些證據；為了保護他們現有的私利，為了讓事情按照舊有的方式進行，他們必須否認。

只有到了皮膚癌的增加率到了驚人的地步，只有到了氣溫開始上升，冰河與冰雪開始融化，海水變暖，河川暴漲，你們才有更多的人開始注意。

只有到了你們的私利受到威脅時，你們才看到多年以前你們最聰明的人就置於你們面前的真理。

私利有什麼不對？我認為在第一部中你說過，私利是起步點。

沒錯，我說過。然而在其他星球上的社會，「私利」的定義要比你們的世界寬廣得多。對已經啟蒙的造物而言，凡是傷害一個生命的，就會傷害許多生命。而對少數有益的，也必須對多數有益，不然到最後就對任何人都無益。

在你們星球上卻正好相反。對一個生命造成傷害的，眾人都予以忽視，而對少數人有益的，眾人連邊都摸不到。

這是因為你們對私利的定義太窄，僅僅及於個人所愛的人——而且也要他們求才給。

沒錯，在第一部中我曾說，在一切的關係中去做你的本我（the self）最有利的事。但我同樣也說，當你看出什麼最符合你的最高私利時，你也會看出它符合他人的最高私利——因為你與他人是一體。

你跟所有的他人都是一個——這卻是你們尚未達到的認知層次。

你問先進科技的情況如何。我告訴你：如果你們沒有先進的思想，則任何先進科技都不能帶給你們益處。

有先進科技而無先進思想，不會造成進步，只會造成毀滅。

在你們的星球上，你們已經經歷過這種情況，現在，你們又走近即將經歷這種情況的邊緣。

你是指什麼？你在說的是什麼？

我說，在你們星球上，你們曾達到——並遠遠超越——你們現在正在慢慢攀登的高峰。你們地球曾有一個比你們現在更先進的文明，這文明卻毀了自己。

他們不僅毀了自己，他們還幾乎毀了其他一切。

這是因為他們不知道如何處理他們所發展出來的科技。他們科技的演化遠遠超出了精神的演化，以致他們以科技為神。人民崇拜科技以及科技所能創造、所能帶來的一切。因此他們得到了無繮野馬的科技所能帶給他們的一切——以及無繮野馬般的災難。

他們名副其實毀滅了他們的世界。

這些都在地球上發生過？

對。

你說的是消失了的亞特蘭提斯城？

你們有些人是這樣稱呼它。

列木里亞（Lemuria）？姆大陸（The land of Mu）？

這也是你們神話的一部分。

那麼，那是真的了！我們曾經達到這種地步！

哦，不只，我的朋友。更進步得多。

我們真的毀滅過自己！

你何需吃驚？你們現在不是正在做嗎？

我知道。你可以告訴我們如何停止嗎？

這方面的書很多，但大部分人不予理睬。

告訴我們書名，我答應不會忽視。

你們可以讀讀《古老陽光的末日》。

是湯瑪士．哈特門寫的。沒錯！我喜歡這本書！

很好。這位使者是受到感召的，你要讓這本書受到全世界的注意。

我會，我會的。

關於你上一個問題我所要回答的話，這本書全說了，我無需再透過你把內容重寫一遍。那本書包含了你們把地球家園破壞的種種途徑，也包含了你們該如何終止破壞的種種途徑。

到現在為止，人類在地球上的所作所為確實不怎麼漂亮。事實上，從這套對話一開始，你就形容我們這物種為「原始」。自從你做了這種形容，我就一直很好奇，那「不」原始文明的生活是什麼樣子，你說宇宙中有許多不原始的社會與文明。

對。

有多少？

很多。

成打？成百？

成千上萬。

成千上萬？先進的文明有成千上萬？

沒錯，也有一些文明比你們更原始。

「原始」或「先進」的文明有什麼指標？

以它將至高的領會付諸實踐的程度而定。

這跟你們所以為的不一樣，你們以為社會之原始或先進，依它領會的高低而定。但有至高的領會卻不實踐，又有何益？

答案是：完全無益。事實上，是危險的。

原始社會的指標是：它把退步稱作進步。你們的社會在向後退，而不是向前進。你們的世界，在七十年前，大部分都比現在更慈悲。

這種話有些人很難吞得下去。你說你不是個做審判的神，可是有些人會覺得你現在就在做審判，而且處處找碴。

這我們已經討論過了。如果你說你要去南部，車子卻開向北；這時如果你問路，有人指示方向，說你原先的走法到不了南部，你說這是在做審判嗎？

說我們「原始」不是單純指示方向，「原始」這兩個字有貶抑的味道。

真的？可是你們卻說你們那麼動心於「原始」藝術。某些音樂也因為有「原始」風味也才殊受鍾愛——還不用說女人。

你是在玩弄文字。

一點也不。我只是在告訴你，「原始」二字一點貶抑的意思也沒有。是你們自己的判斷使它帶上了貶抑的味道。「原始」只是形容詞；它所說的只是實況：某件事物還在發展的早期階段。它的意思僅是如此，它沒有「對」或「錯」的意涵，是你們把這種意涵加進去的。

我沒有在「找碴」，我只是形容你們的文化是「原始」的，你們之所以聽起來「難噝」，那是因為你們自己對「原始」有審判。

我自己沒有。

要了解：評估不是審判，那只是對什麼是什麼所做的觀察。

我要你們知道，我愛你們，我對你們不做審判，我看著你們，只看到美與妙。

正像原始藝術。

正是。我聽著你們的曲調，唯有興奮。

正像對原始音樂。

現在你懂了吧。我感到你們人類的能量，正像你們會感到那「有原始性感」的男人或女人的能量。我，像你們一樣，會被激起。

這是你們與我的真實情況。你們沒有使我厭惡，沒有干擾我，你們甚至沒有使我失望。

你們激起了我！

我因新的可能性而激起，我因將要來臨的經驗而激起。在你們的生命中，我覺醒到新的冒險，覺醒到因走向新的莊嚴華美而來的興奮。

你們不但沒有令我失望，反而令我興奮難抑！我因你們的奇妙而興奮！你們以為你們已經達到人類發展的頂峰，可是我卻要告訴你們，你們才剛剛開始。你們才剛剛開始體驗到你們的精采！

你們尚待表達最偉大的理念，你們尚待實踐最恢宏的意象。

但是，請等待！請注意！看啊，你們盛放的日子已近在手邊！樹幹已經茁壯，花蕊即將開放。我告訴你們：你們開花的美與芬芳將充滿這大地，你們將在眾神的花園中有你們的位置。

17 社會正要變成科技的產品

嗯，這才是我想要聽的！這才是我想要體驗的！我要激發，而不要貶抑。

你永遠不會受到貶抑——除非你自己以為。神永遠不會審判你，找你的「碴」。

神竟然說「沒有對與錯這回事」，神竟然宣布永遠不做審判——有許多人是無法「搞懂」這麼一個神的。

好吧，你們得先把自己搞清楚：你們先說我在審判你們，然後又因為我不審判而不知如何是好。

我明白，我明白。全都混亂了。我們統統非常……複雜。我們不要你審判，可是我們自己卻如此。我們不要你懲罰，可是如果你不，我們又覺得迷失。當你如在第一部和第二部中所說：「我永遠不會懲罰你們」時，我們無法相信，有些人甚至幾乎為此發瘋。因為，如果你不審判，你不懲罰，那誰來讓我們走那又直又窄的路呢？如果天國沒有「正義」，誰來更正世間一切的不義呢？

為什麼你們要依靠天國來更正你們所謂的「不義」？雨不是自天而降嗎？

是啊。

我告訴你們：雨同樣降在義與不義的人身上。

但那「主說：我擅於報復」，又怎麼說呢？

我從沒有這樣說過。是你們有人編造的，其他的人就信以為真。

「正義」並不是你們做了某件事後所經驗到的東西，而是因為你們以某種方式行事。正義是行為，不是對行為的懲罰。

我看得出來，我們社會的問題在於「不義」的事情發生後才要去尋求「正義」，而非「先行正義之事」。

正中要害！完全對！

正義是行動（action），而非反應（reaction）。因此，不要寄望我在「來生」施加天國正義來把「什麼事情都擺平」。我告訴你們，沒有「來生」（after-life），只有生命，死並不存在；而你們身為個人，身為社會，用以創造和體驗生活的方式，就在證明和展示你們所認為的正義。

然而在這方面，你認為人類並沒有很進步？我是說，如果把整個演化都放在橄欖球場上，那我們現在在什麼位置？

十二碼線。

你在開玩笑。

沒有。

我們才在演化場的十二碼線上？

嘿，僅僅過去這一百年，你們就從六碼移動到十二碼了耶！

有沒有任何機會可以持球觸地得分。

當然有。只要不再漏球就好。

不再？

我說過了，這不是你們的文明第一次去到邊緣。我要再說一遍，因為這與你們生死攸關。曾經有一度，在你們的星球上，科技的發展遠遠超過你們能負責的程度。現在，你們在人類史上又去到了相近的階段。

你們必須了解這點，因為攸關生死。

你們目前的科技正要剝奪你們聰明應用它的能力，你們的社會正要變成科技的產品，而非科技是社會的產品。

當一個社會變成它科技的產品，它就會毀滅自己。

為什麼？你可以解釋一下嗎？

可以。關鍵在科技與宇宙原理之間的平衡——一切生命的宇宙原理。

「一切生命的宇宙原理」是指什麼？

簡單的說，就是事物運作的方式，就是那體系，那歷程。

你知道的，我「狂中自有條理」。（There is a "method to my madness."，譯注：似仿莎劇《哈姆雷特》句法There's method in his madness.）

我希望如此。

諷刺的是，一旦你揣摩出那條理，一旦你開始越來越了解宇宙如何運作，你就越容易造成大崩潰。就此而言，無知反而是福氣。

宇宙本身就是科技，是最偉大的科技，它運作完滿自足。但是一旦你們涉入，粗暴的運用宇宙原理與法則，你們就很容易破壞這些法則。這是四十碼罰球。

這對守方是很大的挫折。

沒錯。

我們現在是否已經犯規？

接近了，只有你們可以決定要不要犯規，你們要以你們的行動來決定。比如，你們現在很清楚原子能可以把你們送終。

沒錯，但我們不會這樣做。我們不致笨到這種地步。我們會自行止步。

真的？你們一直在繼續擴充集體毀滅性的武器，不久以後就會落入某人之手，可以把全世界當人質，不然就同歸於盡。

你們是在把火柴給小孩，卻又希望他們不致把房子燒掉。而你們甚至連自己也還沒有學會怎麼應用火柴。

解決的辦法再顯然不過：把火柴從小孩手上拿回來。然後，把你們自己手上的也丟掉。

但是，要一個原始社會自己放棄武力，這根本不切實際。所以，廢止核武雖然是我們唯一的生路，卻超出問題之外。

我們甚至連停止核子試爆都做不到，我們是一種就是無法控制自己的物種。

即使你們不用你們的「核子瘋狂」殺死自己，你們也會用你們的「環境自殺」來毀滅自己。你們現在正在摧毀你們星球上的生態系統，卻繼續矢口否認。

而且好像還不夠似的，你們又笨拙的插手生命的生化體系。搞生命複製和基因工程，而且沒有充分顧慮對你們物種的利弊，卻可能讓它變成有史以來最大的災難。如果不小心，你們真的會如兒戲一般，造成核能與環境的浩劫。

你們發明醫藥去做你們身體本來被設計去做的事，結果是製造出抗藥性極強的病毒來，正等著把你們這物種一舉掃滅。

你嚇到我了。那麼，我們是否已經完了？遊戲已經結束？

沒有，但已經在第四次運球而仍差十碼攻克。現在已是丟一個萬福瑪利亞（Hail Mary）球的時候，四分衛正在看有沒有沒被包圍的人可以接球。

你沒被包圍嗎？你能接這個球嗎？

我就是那四分衛，我最後一次看，看到你們跟我穿同色的球衣。現在我們仍舊是同隊的嗎？

我以為只有一隊呢！誰是另一隊？

凡是忽視了我們一體性的意念，凡是將我們分別的觀念，凡是宣稱我們並非一體的行為，都是。「另一隊」不是真實的存在，而是你們實相的一部分，因為你們使它如此。

如果你們不當心，你們的科技就會把你們毀滅——而原來創造科技是為了要服務你們的。

現在我就可以聽到有人在說：「單憑一個人的力量又能做什麼？」

他們可以先把「單憑一個人的力量又能做什麼」這個心態丟掉。

我已說過，這方面的書有上百上千本。不要再忽視它們，去讀，去照著做，喚起別人去讀去做，發動革命，發動真正演化的改革。

這不是已經進行很久的事了嗎？

也是，也不是。當然，演化的歷程一直都在進行，但現在這歷程卻發生了新的轉捩點。現在，你們開始覺察到你們在演化，而且不僅覺察到你們在演化，並且覺察到如何在演化。現在你們知道了演化是以什麼樣的歷程在進行，而你們的實相則是以此創造出來的。

以前，你們只是自己物種演化的觀察者，現在，你們卻是有意識的參與者了。

從來沒有像現在那麼多的人覺察到心靈的能力，覺察到心靈能力與一切事物的內在關連性，覺察到人的真正身分是精神體。

從來沒有像現在那麼多的人從這個空間來生活，去實踐某些原則，從而引發和產生某些特殊的和想要的結果。

這確實是一場演化革命。因為你們現在有越來越多的人，有意識的創造你們經驗的品質，直接表露出「你們真正是誰」，並迅速表白「你們選擇是誰」。

這就是何以現在是關鍵時期，這就是何以當前是關鍵時刻。在你們目前有紀錄的歷史中，你們是第一次（雖然在你們人類經驗中並非第一次），你們既有科技，又懂得如何用它來摧毀你們整個的世界，你們真的可以把自己完全滅絕。

這正是芭芭拉．馬克斯．胡巴德的著作《你正在改變世界》一書的論點。

沒錯，正是。

這本書讓人驚心動魄，提出了種種奇妙的視野，讓我們避免目前文化所帶來的悲慘結局，在地上真正建立天國，你可能是它的靈感之源！

我想芭芭拉會說我也參了一手……

你曾說，千百位作家——你的使者——你都曾賦予他們靈感，還有什麼其他的書我們應該注意的嗎？

要列的書目太多了。你們何不自行研讀，然後列出一份特別有影響力的書目，與人分享？從有時間以來，我就在透過作家、詩人和劇作家發言。我曾把我的真理放在歌詞中，放在畫面上，放在雕像中，放在往日每一次人心的跳動裡。未來我也將永遠如此。

每個人都以他最可解的方式領略智慧，都循著他最熟悉的途徑。神的每個使者都從至為單純的事象見到真理，並以這至為單純的態度與人分享。

你就是這樣的一位使者。現在去吧，去告訴人們，要他們以至高的真理共同生活，共同分享智慧，共同體驗愛。因為這樣他們就能夠生存在安詳與和諧中。

那樣，你們的社會也就會是一個提升的社會，就如我們原先討論的那樣。

所以，我們的社會跟宇宙中其他高度演化的社會之主要不同，在於我們的分別觀？

對。先進文明首要的指導原則是合一，認知那一切生命的一體性和神聖性。因此，我們發現在所有的進化社會中，一個人不論在任何情況下，都不會違背同一物種中某一個體的意願，而存心取他的性命。

任何情況下都不？

對。

即使被攻擊時？

在那樣的社會或物種中，不會發生這樣的事。

同一物種可能不會，但如果攻擊自外而來呢？

如果高度演化的物種遭受攻擊，則攻擊者必定演化較低，事實上，攻擊者必定會是原始生物。因為演化了的生物不會攻擊任何人。

我明白了。

遭受攻擊的物種殺別的生物的唯一原因，是它忘記了自己真正是誰。如果被攻擊者認為自己是自己的肉體——它的物質形體——則它就會去殺那攻擊者，因為它可能害怕「自己生命的告終」。

反之，如果被攻擊者完全明白它不是它的肉體，它就永遠不會想要去結束另一個生物的肉體——因為它沒有理由這樣做。它會直截了當的把自己的肉體放下，進入非肉體的體驗裡。

像歐比王．肯諾比（Obi-Wan Kenobi，譯注：《星際大戰》中的「絕地戰士」之一，原文名字發音近似all-be-one〔萬物一體〕。）一樣！

完全對！你們所謂的「科幻作家」往往引導你們走向更大的真理。

等一下，這似乎跟第一部中所說的相衝突。

怎麼衝突？

第一部中說，如果有人欺侮你，則任憑這欺侮繼續下去，並沒有任何好處。第一部中說，當你以愛行動時，要把自己包括在你所愛的對象中。這些意思似乎在說，為了防止對你的攻擊，你做什麼都可以，甚至說，被攻擊時以戰爭回應都是對的，而且——我就直接引用了——「不可以任許暴君興旺，必須終止其暴政」。

你也說「選擇像神，並不意謂選擇當殉道者，也顯然不意謂選擇成為犧牲品」。

而現在你卻說，高度演化了的生物永遠不會去終止其他生物的生命。這兩種說法怎麼可以並列？

請你把第一部再讀一次，很細心的讀。

我給你們的回答，完全是配合你們所創造的脈絡，因此也必須在此脈絡中去領會。我是依你提問題的意涵而回答的。

重新讀讀第一部第一七二頁最後一段開始的那部分，那裡你承認你還未能在精純的層次運作。你說別人的言行有時候會傷害你。在如此情況下，你問如何才是在被傷害時最好的回應。

我的回應則必須在那樣的脈絡中來領會。

我最先說的是，終會有一天，別人的言行不會再傷害到你。就像歐比王．肯諾比一樣，即使有人「殺」你，你也不會覺得受到傷害。

這就是我現在所描繪的社會成員所達到的精純層次。那些社會裡的生物十分清楚他們是誰，他們不是誰。很難讓他們有那種「受傷」或「受害」的經驗，更不用說把他們的肉體置於危險中。他們會直截了當的退出肉體，把它留給你——如果你覺得那麼需要去傷害它的話。

在第一部中我接下來給你的回應是，你之所以這般反應他人對你的言行，是因為你忘了你是誰。但是，我在那裡說，這都沒什麼不對，這都是成長歷程的一部分，都是演化的一部分。然後我做了一個非常重要的陳述。在你整個成長的歷程中，「你必然會在你所是的層次運作。在你領會的層次，在你所願意的層次，在你所記得的層次」。

我在那裡所說的一切，都必須在這個脈絡中認取。

同樣在第一部的第一七三頁我甚至說：「為了討論的目的，我假定你仍然處在……在尋求實現你真正是誰。」

如果一個社會，它的成員還沒有憶起自己真正是誰，則我在第一部中所說的就通用。但你這裡的問題並不是這樣的問題，你這裡所問的是，宇宙中高度演化了的社會是什麼樣子。

不論是現在所談論的這話題，還是本書所涵蓋的其他話題，你們都須清楚，對其他文化的描述都不是對你們文化的批評；這樣的領會對你們才是有益的。

這裡沒有審判。如果你們做事情的方式和反應的方式不同於那些更為演化的生物，也不會有任何詛咒或譴責。

所以，我在這裡說的是，宇宙中那些高度演化了的生物，不會在憤怒中去「殺」別的有情生命。第一，他們不會體驗到憤怒感。其次，如果未得其他生命的允許，他們不會去終止它肉身的經歷。第三——為了回答你的特定問題——他們連其他社會或物種對他們的「攻擊」都不會感受到；因為感覺受到攻擊，是因為你有什麼被他人拿去了——比如你的生命、你所愛的人、你的自由、你的財產或擁有物——總之是某些東西。高度演化的生命永遠不會有這種感覺，因為如果有某種東西——包括他的肉體生命——你那麼想要，以致要憑武力取得，那麼你拿去就是；因為，高度演化的生命很清楚，她可以把任何東西重新創造出來。她可以自自然然的把一切都給那差一點的生物——而後者並不清楚這一點。

因此，高度演化了的生物並不是殉難者，也不是任何「暴政」的犧牲品。

更進一層的是，高度演化了的生物不但很清楚他可以把一切重新創造出來，而且他清楚他並不必須如此。他清楚，他無需這一切就可以快樂，就可以存活。他知道他不需要自己之外的任何東西，而「他自己」卻跟任何物質體沒有關係。

演化較低的生物和物種則並不經常清楚這一點。

更且，高度演化的生物了解她和她的攻擊者是一體的。她明白那攻擊者是她自己的一個受傷部分。因而她在此種情況下，該做的事就是去治癒一切的傷痛，好讓那一中的一切（All In One）得以重新知道它自己真正是什麼。

把她自己的一切都給出去，就如同自己吃一片阿斯匹靈。

哇。這是何等的概念！何等的見解！但是我需要重回你剛剛說的話題。你說高度演化的生物（highly evolved beings）——

等等，讓我們從現在開始把他們簡稱為「高生物」（HEBs）好嗎？不然稱呼太長了。

好的。嗯，你說過，「高生物」絕不會未得其他生物的允許而結束其軀體經驗。

沒錯。

可是有任何生物會允許其他生物結束它的身體性命嗎？

有幾種原因會。比如，它可能將自己當作食物提供給其他生命。或做其他必需之用——如終止戰爭。

即使在我們的文化中也有類似的情形。比如，有些人屠殺動物做食物或皮革前，一定請求那動物的精靈允許。

沒錯。你們的美洲原住民就是如此。他們即使摘一朵花，一株藥草，或一棵植物，都會先做溝通。所有的原住民文化都這樣做。有趣的是，這些部族和文化卻被你們稱為「原始」。

喂，老鄉，你是在說，如果我不預先經過它同意，我就連一根蘿蔔也不能拔？

你可以去做你選擇要去做的任何事，而你剛才問的是「高生物」怎麼做。

所以，美洲原住民是高度演化的生物囉？

像在所有部落裡和物種裡一樣，有些是，有些不是。這是一種個體的事。不過，就整個文化而言，他們確實到達非常高的層次。他們的文化神話中透露著他們的經驗，可以看出確實非常高度。但你們卻迫使他們把他們的文化跟你們的混合。

等等，你在說什麼？紅人是野蠻人！這是為什麼我們要成千上萬的把他們殺掉，剩下的放在我們稱為「保留區」土地的監獄裡！就是現在，我們還是把他們的聖地當高爾夫球場。我們不得不如此。不然他們就會再去尊崇他們的聖地，又會回憶起他們的文化故事，舉行他們的神聖儀式，這是我們絕不能答應的。

我有點概念了。

真的，那是不行的。如果我們不把他們的文化消除，他們就會衝擊我們！那我們怎麼辦？那我們就會不得不尊敬土地與天空，拒絕毒害河川，那我們的工商業怎麼辦？

大眾可能會仍舊赤身裸體跑來跑去，不知羞恥為何物，在河裡洗澡，生活在大地上，而不會擠到高聳的大樓中，在水泥叢林裡謀生。我們甚至還在營火堆前聽古代智慧之言，而不是在看電視！我們可能完全沒進步！

嗯，幸虧你們知道什麼是好壞。

18 分享感就是獲利

請再告訴我一些高度演化生物與文明的事。除了不因任何理由而互相屠殺外，他們跟我們還有什麼不同？

他們分享。

嘿，我們也分享！

不一樣。他們分享所有的東西，跟所有的生物分享，沒有一個生物是虧缺的。他們把世界和環境的一切自然資源都公平分配，人人有份。

一個國家，一個群體，或一個文化，不能因為某種資源正巧出現在他們的地理位置上，就認為那是他們的。

一個或數個被各個物體稱為家的星球，會被那個體系中所有的物種認為是他們所共有。事實上，那個星球或一群星球的本身，就被認為是一個體系。

它被認作是一整個的體系，而不是各個部分或元素的聚合，並不認為其中任何部分都可以遭到毀滅、屠殺，而不傷及體系本身。

我們稱它為生態體系。

嗯，比那還大，它不只是生態。因為生態（ecology）的原意只是指星球上的自然資源與星球上的棲息者間的關係。但它也指棲息者跟自己的關係，棲息者互相之間的關係，以及他們與環境的關係。

那是所有有生命的物種之相互關係。

「物種體系」（speciesystem）！

對！我喜歡這個用詞！好用詞！因為我們談的東西比生態體系更大！那真的是物種體系。或者像柏克敏斯特．傅勒（Buckminster Fuller）所說的「心智層」（noosphere）。（譯注：法國古生物學家、哲學家德日進〔Pierre Teilhard de Chardin〕於一九四九年創造的新詞：noos，希臘文為「心智」，指人類進化過程中人類意識和智力活動超越生物圈的較高層次和領域，智力圈將不斷發展，直至最終取代生物圈。）

我比較喜歡物種體系，比較容易懂。我搞不清楚心智層是在說什麼！

柏克也喜歡你的用詞，他不執著。他一向喜歡簡單明瞭。

你現在也在跟柏克敏斯特．傅勒說話？你把這對談弄成降神會了？

就說我有理由知道那柏克敏斯特．傅勒的本體會高興你的新詞好了。

哇嗚——棒透了。我覺得，這真酷——能夠知道那一點，真酷。

「酷」，我同意。

那麼，在高度演化的文化中，重要的是物種體系。

沒錯；但這並不表示個體不重要。完全相反，任何決定最先考量的，就是對物種體系的影響——這正反映了個體何等重要。

他們認為物種體系維持所有的生命，每一個生物在最佳的狀態。因此，不做任何損害物種體系的事，便是肯定每個個體生命都是重要的。

重要的不只是有地位、有影響力或有錢的個體。也不只是那些有權力、個子大，或自以為更有自我意識的個體。而是體系中所有的生物，所有的物種。

這怎麼能行得通？這怎麼有可能？在我們的星球上，某種物種的需求必須放在其他物種的需求下，否則我們就無法過我們現在所知的這種生活。

你們已經很接近不能過你們現在「所知的這種生活」的邊緣了。這正是因為你們堅持把大多數物種的需求置於一種物種的欲望之下。

人類。

沒錯——但也不是這物種的所有成員。甚至也不是最大多數，而是非常少的少數（否則還有點道理可言）。

就是最有錢、最有權的。

這是你們自招的。

又來了。又是對那最有錢、最有成就的人的長篇說教。

差遠了。你們的文明不值得長篇說教，就像一屋子的小孩不值得說教一樣。人類要怎麼做——對自己和互相之間——就怎麼做，一直到他們明白那樣做不符合他們的最佳利益為止。否則不論多少的說教都不能改變他們的行徑。

如果說教有用，你們的宗教老早就見效了。

哦！噠噠噠！你今天是跟人人都過不去，對不？

我根本不做這種事。這些純粹的觀察刺到你們了？那麼，要看看為什麼刺到，這是我們雙方都知道的，真理常讓人不舒服。而這套書是為了把真理帶給你們。就如我所給予靈感的其他著作，還有電影、電視節目。

我不敢確定要不要鼓勵人看電視。

不論好壞，電視是你們現今社會的營火。並不是媒體把你們帶往你們說你們不想去的方向，而是你們置於其中的訊息。不要歸罪媒體，有一天，你們將可用它來傳播不同的訊息……

我可以……再回到原先的問題？我還是想知道一個物種體系如何能平等對待該體系中所有物種的需求而得以運作。

所有的需求都平等對待，但所有的需求並非平等。是那個比例的問題，是個平衡的問題。

高度演化的生物深深了解，創造並維繫我們這裡稱為的物種體系之所有有形體生物，他們的需求必須獲得滿足，他們才能存活。他們也了解，就以各個有生之物需從這個體系求得的供應而言，各自的需求並非相同，也非平等。

讓我們以你們自己的物種體系做例子。

好……

讓我們以你們稱為「樹木」和「人類」的兩種生物來說明。

同意。

樹木，顯然不像人類一樣，每天需要那麼多「供應」。

所以兩者的需求並不平等；但卻互相關連。也就是說，兩者互相依賴。你們必須像關心人類需求那般關心樹木的需求，但兩種需求的本身卻是不一樣的。可是如果你們忽視某一物種的需求，就是自取滅亡。

我之前曾提到的一本書——《古老陽光的末日》是極具重要性的，它把這些事情都做了令人動容的描述。它提到樹木吸取你們大氣中的二氧化碳，將其中碳的成分轉化為碳水化合物——也就是利用它來生長。

（植物所製造的樣樣東西，包括根、莖、葉，甚至堅果與水果，都是碳水化合物。）

同時，這氣體中的氧氣則被釋放出來。那是樹木的「廢物」。另一方面，人類卻需要氧氣才能生存。你們大氣中的二氧化碳甚多，而氧氣則甚少；如果不是樹木把二氧化碳轉變為氧，則人類這個物種就不能活下去。

你們則釋放（呼出）二氧化碳，而這又是樹木所需要的。

你明白這平衡嗎？

當然。那麼巧妙。

謝啦。現在，請不要再破壞它。

哦，得啦。我們每砍一棵，就種兩棵。

沒錯。可是，如果要長到你們砍倒的老樹那麼壯，那麼大，可以放出等量的氧氣，卻至少要等三百年。

氧氣製造廠——就是你們稱為亞馬遜雨林的地方——平衡大氣的能力至少要兩三千年，才能由你們現在栽植的樹木取代。不過不用擔心。你們每年砍掉數萬英畝的森林，可是，不用擔心。

為什麼？為什麼我們做這種事？

因為你們要開地養牛，再殺來吃。養牛據說對雨林當地的人提供更多的收入。所以，做這種事的人便口口聲聲說是讓土地增加生產。

然而，在高度演化的文明中，他們卻不認為侵蝕物種體系是生產，而認為是破壞。所以，高生物便找到了平衡各物種所需的辦法。他們選擇這樣做，而不選擇只滿足某一小群物種欲望的辦法，因為他們明白：一個體系如果遭受破壞，則體系內的任何物種都不得存活。

天啊，這真是再明顯不過。明顯得讓人痛心。

如果未來幾年你們所謂的優勢物種不醒悟過來，則這「明顯」還會更令人痛心。

我明白了，我大大明白了。我該做點事，可是我覺得好無助，有時候我覺得好無助。我能做什麼，才能讓事態有所改變？

沒有什麼是你必須去做的，但有許多事情可以做。

請指示。

長久以來人類就想在「做」的層次來解決問題，卻不怎麼成功。這是因為真正的改變永遠都在「是」的層次，而不在「做」的層次。

哦，當然，你們有了一些發現，在科技上有了一些進展，在某些方面，你們讓生活容易了些——但是否好了一些，卻很難講。在較大的原則方面，你們的進步卻非常慢。你們現在仍然面對著多少世紀以來你們星球上面對的原則問題。

「地球的存在是為了讓優勢物種利用的」這個觀念，就是一個明顯的例子。

如果你們不改變你們如何是（如何生活），你們就不可能改變如何做。

你們與你們的環境以及其中的一切究竟是什麼關係，在這種關係中你們是誰——除非你們改變這方面的想法，否則你們不可能有不同的做法。

這是意識方面的事。在改變意識之前，你們必須先提升意識。

怎麼做？

不要再默不吭聲。說出來，大聲嚷嚷，引發議論。你們甚至可以提升一些集體意識。

舉一件事為例。為什麼你們不種大麻來造紙？你們知道全世界每天的報紙要用多少樹嗎？還不用說紙杯、紙巾和外帶紙盒了。

大麻成本低，收成容易，不但可以造紙，而且可以製造最結實的繩索、最耐穿的衣服，甚至你們星球上最有效的藥材。事實上，大麻的栽植那麼便宜，收成那麼容易，用途那麼多，以至於有強有力的國會遊說團在反對它。

但這種植物幾乎處處可種，如果允許普遍種植，許多人可能就沒錢可賺。

這只是一個例子，說明在人類事務的經營上，貪婪如何取代了常識。

所以，讓你認識的每個人都看這套書。不僅是為了讓人得知這件事，也得知書中所說的一切。而且可說的事情還有許多許多。

只要翻開書看看……

沒錯，但我已經開始覺得喪氣了——像許多看過第二部的人一樣。難道說下去的只是我們如何如何破壞此處的一切，即將把它毀滅殆盡嗎？因為我不能說這就是我期望的……

你不是曾期望獲得靈感嗎？你不是曾期望被激發嗎？學習和探討其他文明——先進的文明——既能給予你靈感，又能激發你！

想想看那種種的可能性！想想看那種種的機會！想想看轉角之處那燦亮的明天！

假如我們能醒過來的話。

你們會醒過來的！你們正在醒過來！範型正在轉移。世界正在改變。這些都正發生在你們眼前。

這套書就是其中的一部分。你就是其中的一部分。記住，你就是有機會治療這一切的人。你之所以在這裡，別無其他理由。

別放棄！不要放棄！最偉大的冒險才剛剛開始。

好。我選擇受高度演化生物的榜樣與智慧的激發，由他們獲取靈感，而非被挫喪氣。

很好。以你們說你們人類想走的方向而言，這是一個明智的選擇。從對其他生命的觀察，卻是使你們得以記起許多事情來。

高生物生活在一體性中，有深深的互相關連感。他們的行為是由他們的發起念頭（sponsoring thoughts）所創造，正如你們的行為是由你們的發起意念所創造。這發起意念，你們可以稱它為社會上的基本指導原則。

那麼，高生物的社會基本指導原則是什麼？

首要的指導原則是：我們都是一體。

一切決定，一切選擇，一切你所稱為的「道德」與「倫理」，都是以這原則為基礎的。

第二個指導原則是：一體中的一切都互相關連。

在這原則下，物種中的任何成員都不可能、不會想要僅僅因為「它最先拿到」或因為「在它手上」，或因為「供應不足」而把某個東西據為私有。它們深深體認，並且尊崇物種體系內所有有生命的東西互相依存。每個物種的相互需求經常維持著平衡——因為一直放在心上。

這第二個指導原則是否意謂著沒有「個人所有權」這種事？

不像你們所以為的那樣。

高生物的「個人所有權」是指他對在他照顧下所有的好東西的個人責任。高度演化生物對物品的感覺是「珍視」感，在你們的用語中最接近的是「管家」（stewardship）。高生物是管家，而非「所有者」。「擁有」二字及其背後的含意，不是高生物文化的一部分。沒有個人所有權或「個人所有物」這類事。高生物並不占有（possess），高生物撫愛（caress）。也就是說，他們擁抱、撫愛、珍惜和照顧東西，卻不把東西據為己有。

人類占有，高生物愛撫。以你們的用語，只能這樣形容兩者的不同。

在你們的歷史早期，人類會覺得凡是落在他們手上的東西，一概屬他們所有。這包括配偶、兒女、土地和土地上的一切資源。「財產」，以及他們的「財產」可以弄到手的一切東西。這種想法有一大部分直到今日仍然被人類社會視為真理。

人類深陷在這種「所有權」的觀念中。那從遠處觀察這現象的高生物稱這為你們的「占有狂」。

現在，由於你們已經有所演化，所以你們越來越了解你們其實並不能真正擁有或占有任何東西——尤其是配偶和兒女。但是你們仍舊有很多人牢牢執著於擁有權，以為你們可以擁有土地，地上、地下以及空中的一切。（真的，你們甚至說有「領空權」！）

宇宙中的高生物卻深深了解，他們腳下的物理星球不是由任何個體所能擁有的；然而，他們的社會卻可以把一小塊土地交由個人照顧。如果他是個好管家，則可獲社會允許或要求將土地照顧權傳給下一代，下一代又可再傳給更下一代。然而，任何時候，當後代未能把土地照顧好，就不再有這管家的資格。

哇！如果這是這裡的指導原則，則世界上一半的產業界都得放掉他們的財產！

而全球的生態體系也會在一夜之間有重大改善。

你知道，在高度演化的文化中，絕不會允許你們所謂的「公司」為了利益而破壞土地，因為明明很清楚可以看出，那擁有公司或為公司工作的人，都會因土地的破壞而生活品質大受損害，無法復原。那麼，利益何在？

不過，損害是多年以後才會感受到的，利益卻眼前可見，所以這可以叫作短期利益（長期損失）。但是，如果你自己經歷不到這種長期損失，有誰會在乎它呢？

高度演化生物在乎，但由於如此，他們的壽會也長得多。

長多少？

長了許多倍。在某些高生物社會，生物是永遠活下去的——或在軀體裡要活多久就活多久。因此，在高生物社會中，個體生命一般都會經歷到自己所作所為的長期後果。

他們怎麼能讓自己活那麼久？

當然他們從來就不是不活的，正像你們一樣。但我知道你說的意思，你是說他們在「軀體裡」。

沒錯。他們怎麼能讓自己在軀體裡待那麼久？為什麼能做到這一點？

第一，他們不污染空氣、水和土地。他們不把化學物品放進土壤，所以那靠土壤維生的植物與動物也不會中毒，吃植物與動物的人也不會。

事實上，高生物絕不會用化學品去污染土地與植物，讓植物吸收了化學品再讓動物吃，自己再去吃吸收了化學品的植物與動物。高生物看得清清楚楚，這是「自殺」。

因此，高生物不會像人類這樣污染環境、空氣和自己的身體，你們的身體是奇妙偉大的創作，原意比你們所允許它們的要「耐用」無限久遠。

高生物的心理行為也跟你們不同，更使他們長壽。

比如？

高生物從不憂慮——甚至也不了解人類的「憂慮」或「壓力」是什麼意思。高生物也不會「憤怒」「懷恨」「嫉妒」或「恐慌」。因此，高生物就不會在身體裡製造腐蝕和破壞身體的化學反應。高生物會認為這是「自殘」。他們不會這樣做，正如他們不會去殘食其他的軀體。

高生物怎麼做到的？人類能這樣控制情緒嗎？

第一，高生物明白所有事物都是完美的，宇宙自有其運作的歷程，他們唯一須做的，就是不去干擾。所以，高生物從不憂愁，因為他們懂得這歷程。

你的第二個問題，答案是：人類可以這樣控制。只不過，有些人不相信自己有此能力，又有些人沒有選擇去展用它。有少數人做著這方面的努力，因而會長壽許多——這是說，如果化學品和空中的毒氣沒有殺死他們，又如果他們沒有自願用其他方式毒死自己的話。

等等。我們「自願毒死自己」？

你們有些人是這樣沒錯。

怎麼毒？

我說過，你們吃毒品。你們有些人喝毒品。你們有些人吸毒品。

高度演化的生物會覺得這種事情不可思議。他無法想像你們怎麼可能明知故犯的把對身體不好的東西納入身體裡邊。

哦，原因是，我們覺得吃、喝、吸某些東西滿享受的。

高生物卻發現在軀體內的生活是享受的；她無法想像既然預先知道某些事情會減少壽命，終止壽命，或使身體痛苦，怎麼還會去做。

我們有些人並不相信吃許多紅肉、喝酒或吸植物菸，會減少或終止壽命，或讓身體痛苦。

那就表示你們的觀察能力頗為魯鈍。需要敏銳化。高生物會建議你們環顧四周。

嗯，沒錯……宇宙中高度演化的社會還有其他什麼特質？

沒有羞恥。

沒有羞恥？

也沒有「罪疚」這種東西。

那麼，當一個人證明自己是土地的「壞管家」時，那又是什麼呢？你不是說別人會把土地拿走嗎？這不表示他受到審判，被認為有罪？

不是。那表示他被觀察到不能把土地照顧好。在高度演化的文化中，生物從來不會被要求去做他們沒有能力去做的事。

假如他們仍然想要做呢？

他們不會「想要」做。

為什麼？

既然證明了沒有這個能力，就消除了他們這個願望。他們了解，既然沒有能力去做某件事，卻硬要去做，就可能傷害到他人。這種事是他們永遠不會想去做的。因為，傷害他人這是傷害自己。這一點他們很清楚。

所以，還是「自我保護」在驅使。這跟我們地球上沒什麼不同。

當然！唯一不同的是，「自我」定義不同。人類把「自己」（自我）定義得非常窄，他們說的是你自己、你的家人、你的社區；高生物對自己的定義卻很不一樣，她說的是自己、家人、社區。

就好像唯有一個。

正是只有一個，這是關鍵所在。

我明白了。

因此，在高度演化的文化中，一個生物如果證明了它沒有能力養育幼兒，它就不會堅持去養育。

這就是為什麼在高度演化的文化中，孩子不會去養育孩子，幼兒是交由長者養育的。這並不意謂孩子被迫離開生身父母，丟給完全陌生人去養育，不是。

在這些文化中，年長者跟年輕人生活得很密切。他們並沒有被推開去過他們自己的日子。他們並沒有被忽視，任憑他們自己去計畫自己晚年的命運。年長者受到尊敬、善待，是充滿愛心而活躍的、社區的一部分。

當幼兒誕生，年長者已深植於社區和家庭的核心，準備好了；他們對幼兒的養育是理所當然的，正如你們現在社會中認為由父母帶養理所當然。

不同的是，幼兒雖然始終知道誰是「父母」——在他們的用語中跟「父母」最相近的，則是「生命的給予者」——他們的生活基本知識卻不需從父母學習；因為父母也還在學習生活的基本知識。

在高生物社會，學習歷程是由長者規畫和監理的，兒童的住宿、飲食與照顧，也是如此。兒童的成長環境充滿了智慧與愛，有非常非常大的耐心，有非常非常深的了解。

給予兒童生命的年輕人則通常在外，去迎接年輕的生命所面對的挑戰，去體會年輕生命的歡樂。他們願意跟幼兒在一起多久就多久；他們也可以跟孩子一同住在長者之居，跟孩子生活在一個「家」的環境中，被孩子認為是家庭的分子。

那是一種非常整體的，合而為一的體驗，但負照顧孩子之責的是長者。這是榮譽，因為整個物種的未來交在長者的手上。在高生物的社會中，大家都明白，要年輕人負起這麼大的責任是過分的。

這種情況我以前說過——我曾說，你們星球上如何養育後代，該如何改變。

是。謝謝你再加解釋，再度說明如何運作。那麼，回過頭來說，高生物不論做了什麼事，也不會覺得羞恥或罪惡？

不會。因為罪惡與羞恥感是外加的。當然，外加的東西可以被內化，但它原本卻是外加的。這從來就是外加的。神聖的生物（一切生物都是神聖的）從來就不會認為它自己所做的任何事情是「羞恥」或「罪惡」的——一直到它自己之外的某人給它貼上這樣的標籤。

在你們的社會中，嬰兒會因為它的「洗澡習慣」而覺得害羞嗎？當然不會。一直要等你們告訴他，他才會。兒童會因玩性器而有「罪惡」感嗎？當然不會。一直要等到你們告訴他，他才會。

一個文化的演化程度會從它標示「羞恥」與「罪惡」的程度顯示出來。

沒有任何行為可以稱為可恥？不管人做了什麼，他都不會有罪？

我已說過，沒有對與錯這種東西。

有些人還是不能了解這一點。

要了解這裡所說的，必須把這套對話錄整體閱讀。斷章取義，會不得其解。前面所說的智慧，第一部和第二部都做過詳細的解釋。你在這裡問的是宇宙中高度演化的文化，他們已都領悟了這種智慧。

好得很。這些文化還有什麼地方與我們不同？

很多地方。他們不競爭。

他們明白，一個人失敗，就人人失敗。因此，他們不辦任何「比賽」；因為他們不會教孩子（或鼓勵大人）有人「贏」有人「輸」竟然是娛樂。

再者，我已說過，他們分享一切。當任何人有所需的時候，他們不會僅僅由於資源短缺而囤積或據為己有。相反的，這是他們要分享的原因。

在你們的社會中，當物品短缺的時候，你們即使分與他人也會提高代價。用這種方式，你們確保即使將你們所「擁有」的東西分與他人，你們也可以因此「致富」。

高度演化的社會也因分享而致富。但他們跟你們不一樣的地方是他們對「致富」的定義。高生物覺得跟他人免費分享一切就是「致富」，無需「獲利」；事實上，他們認為那分享感就是獲利。

在你們的文化中有數種指導原則，造成了你們的行為。我以前說過，最基本之一是：適者生存。

這可以稱為你們的第二指導原則。你們社會所創造的一切都以它為基礎。經濟、政治、宗教、教育、社會結構。

然而，在高度演化的生物看來，這原則的本身卻是矛盾的。它是自相衝突的。因為高生物的第一指導原則，是我們全是一個，因而除非「我們全部」都適應，「個人」就不可能「適應」。因此，「適者生存」是不可能的；不然就是「唯一」可能的事。因為，只有當所有的都適應，那「適者」才「適應」。

你明白嗎？

明白。我們稱這為共產主義。

在你們的星球上，任何不讓你們以他人為代價而獲利的制度，你們立刻棄之如敝屣。

一個政治或經濟體系，如果想要將「所有的人」的資源創造出來的福利均分給「所有的人」，你們就說這種體系違背自然秩序。然而在高度演化的文化中，自然秩序就是均分。

即使什麼都不做的人？即使對大眾福利沒有任何貢獻的人？甚至邪惡的人？

活著就是大眾福利。如果你活著，你就對大眾福利有貢獻。要一個精神體住在肉體中，是非常艱困的事。就某種意義來說，這是一種重大犧牲。然而，為了那萬有能夠以經驗的方式認識它自己，為了在下一個最偉大的意象之最恢宏的版本中，重新創造它自己，這犧牲卻是必須的，甚至是讓人享受的。

務須明白我們為什麼到這裡來。

我們？

那組合成集體的靈魂們。

你讓我迷糊了。

我已經解釋過，只有一個靈魂，一個存在，一個本體，你們有些人稱為「神」，這唯一本體將它自身「個體化」為宇宙的一切——換言之，一切萬有。

這包括一切有情生命，或你們所稱為的靈魂。

所以，凡「存在」的靈魂都是「神」？

一切現在存在、過去存在與未來存在的靈魂都是。

所以，神是一個「集體」。

這是我選用的字，因為在你們的語文中，它是最接近真相的。

不是一個令人敬畏的單體，而是一個集合體？

並不必須是其一而不是其二。「跳出窠臼」來想想！

神兩者都是？是一個令人敬畏的單體，又是各個部分合成的集體？

說得好！好得很！

這集合體為什麼來到地球上？

為了以物質性或肉體性來表現它自己，以它自己的經驗來認知它自己，為了做為神。這在第一部中我已詳細解釋過。

你創造我們做為你？

其實，是我們創造，這就是你們何以被創造。

人類是被一個集體創造的？

你們的《聖經》上寫道：「讓我們以我們的形象創造人，依我們的樣子。」——後來的譯文把它改了。

生命是歷程，神藉此歷程創造它自己，又體驗這創造。這創造的歷程恆在進行中。一切「時間」中都在發生。相對性和物質性是神用以運作的兩種工具。神是純粹的「能」（你們稱為精神或靈）。這本體（本質）就是聖靈。

「能」藉由一個歷程變為物質，靈則進入肉體內或肉體化。這樣做是靠「能」名副其實的將自己放慢下來——改變它的擺動，或你們所說的振動。

那「本是一切」者以各個部分這樣做。也就是全體的各個部分。靈的這些個體化單元，就是你們稱為靈魂的。

事實上，唯有一個靈魂，不斷的重新型塑它自己。這可以叫作再造（The Reformation）。你們統統是在造形中的眾神（Gods In Formation）——神的訊息（God's information）！

這就是你們的貢獻！本身就完滿具足。

簡單的說，你們採取肉體形象，這本身就已足夠。我不要更多，不需更多。你們已經對大眾福利做了貢獻。你們使那唯一的公共元素（The One Common Element）得以體驗那好，那善，那益（good），就連你們自己也曾這樣寫：神創造了天與地，地上走的獸，空中的鳥，海中的魚，而那是非常好的。

但在經驗上，「好」或「善」不可能沒有它的對立面而存在。因此，你們也創造了惡，而這是善的後退運動，或反向運動。這是生命的反面——所以你們創造了你們稱為死亡的東西。

然而，在最終的實相中，死亡是不存在的，僅僅是個編造品，是發明，是個想像出來的經驗，好讓你們更珍惜生命。因此，「惡」（evil）是由「活」（live）反方向拼出！你們在語文上是何等聰明啊！你們在其中隱藏著甚至連自己都不知道的智慧。

當你們了解了這整個宇宙觀，你們就能領會這偉大的真理。那時，你們再把肉體生活的必需品與資源分享時，就不會要求回報。

說得很美。但是，仍舊會有人管它叫共產主義。

如果他們願意這樣說，就讓他們這樣說吧。不過，我仍然要告訴你們：除非你們這共同生活的生物，懂得了什麼叫共同生活，否則你們就不可能體驗到神聖交流（Holy Communion，聖餐），不可能認識我是誰。

宇宙中高度演化的文化深深了解我這裡解釋的情況。在那樣的文化中，不可能不分享。也不可能在必需品短缺時「漲價」，以圖「暴利」。只有最原始的社會才會做這樣的事。只有最原始的生物才會把共同需求的短缺視為牟利的機會。高生物的體系不是由「供需」原則在推動。

但供需原則卻被人類稱作是提升生活品質與公益的體制之一部分。可是，從高度演化的生物視野看來，你們的體制卻違背了公益，因為它不允許那有益的事物被公共享用。

高度演化的文化另一個特妙的特徵是，在他們的語言或文字中，或在他們任何傳遞訊息的方式中，都沒有「你的」和「我的」這種概念。在他們的用語中，私人所有格是不存在的，因此，當他們提到世間物時，就只能用冠詞來形容。例如「我的汽車」，他們只能說成「目前的車」。「我的伴侶」或「我的孩子」就會變成「目前的伴侶」或「目前的孩子」。

「目前」，或「面前」，就是最接近你們所稱為的「所有權」、「占有權」的用詞。

「在……面前」的（in the presence of）就變成了禮物，這是生命的真正「禮物」（presents）。

因此，在高度演化的社會中，人甚至不會說「我的生命」，而只說「這面前的生命」。

這類似於你們所說「在神的面前」。

當你們在神的面前（任何時候當你們在彼此面前，就是在神的面前），你們永遠不會想要把那屬於神的不給神——而神又正是一切萬有的任何部分。你們會把那屬於神的一切，自然的、平均的分給神，而任何部分都是神。

在高度演化的文化中，整個的社會、政治、經濟與宗教結構，都是建立在這種精神領悟上。這是總括一切生命的宇宙觀。你們在地球上之所以創造出這麼不和諧的狀態，只是因為你們未能覺察與遵從這宇宙觀，未能領會它，未能生活於其中。

19 把每一個人都看作是自己

其他星球上的生物在體形上是什麼樣子？

不勝枚舉。物種的繁多就和你們星球上一樣。其實，比你們的還多。

有沒有跟我們很相像的？

當然有。有些看起來和你們一模一樣——只是小有不同。

他們怎麼生活？吃什麼？衣服穿成什麼樣子？怎麼互相溝通？我想要知道E.T.的一切。說啦！統統說出來！

我了解你的好奇心，可是這幾本書不是為了要滿足你們的好奇。這番對話的目的是要把訊息帶到你們世界上。

我只再問幾個問題。這不只是出於好奇，而是我們可以從這裡學到一些事。或說得更正確些，可以回憶起一些事情。

這真的是更為正確。因為你們沒有需要學習的；你們唯一需要的，是回憶起你們真正是誰。

在第一部中你已經把這一點說得非常清楚了。其他星球上的生物記得他們是誰嗎？

如你可以料到的，其他各處的生物演化階段各不相同。但在你稱為高度演化的文化中，那裡的生物已經記得他們是誰了。

他們怎麼生活？工作？旅行？溝通？

高度演化的社會是沒有你們文化中所說的旅行的。那裡科技非常先進，不需再用石化燃料推動巨大的載人機器裡的引擎。

除了物質科技的先進外，對於心的了解，對於肉體天性的了解，也十分先進。

由於這兩方面的先進，高生物便可以照自己的意願把身體分解和再組合，這使得大部分高度演化文化中的生物能夠在「任何時候」，想身在「何處」就身在何處。

包括橫越宇宙許多光年？

沒錯。大部分情況是如此。橫渡銀河的「長距離旅行」，做起來如像石片在水面上漂過。他們不是要「通過」母體（The Matrix）——也就是宇宙——而是在上面滑過去。用你們的語言來形容這樣的物理情況，這是最接近的說法。

至於你們社會中所說的「工作」，在大部分高生物文化中，是沒有這種概念的。任務的達成，活動的進行，純粹是依各生物愛做什麼，並視之為他自己的最高表白而定。

這真是太棒了。那麼，下賤的工作怎麼做？

「下賤的工作」這個概念是不存在的。你們社會中視為「下賤」的工作，在高度演化的世界中往往是最受尊敬的。為了社會的存在與運作而「必須」做的日常「工作」報酬最高，榮譽最高，因為是服務全體。我在這裡把「工作」二字加上引號，是因為在高生物社會中根本不把它視為「工作」，而是最高形式的自我實現。

人類在表白自己——你們稱為「工作」——的方面所創造的觀念與經驗，在高生物的文化中，根本就是不存在的。「單調乏味的工作」「超時」「壓力」和你們自己創造的這類經驗，是高度演化的生物不會選擇的；不說別的，他們是不會想要「名列前茅」「出人頭地」或

「功成名就」的。

你們所說的「成功」，在高生物而言，沒這回事，這正是因為他們也沒有「失敗」這回事。

那他們怎麼會有成就感？

他們的成就感和你們不一樣。你們是透過一套煞費思量的價值體系來促成的：「競爭」，「輸」與「贏」。這是你們大部分社會和活動的情況。甚至學校——尤其是學校——也是如此。高生物的成就感則是來自深深了解什麼事情對社會真正有價值，並真正珍惜。

在高生物而言，成就的定義是：「做帶來價值的事」，而非「做帶來名利的事——不論有沒有價值」。

那麼，高生物是有「價值體系」的了！

哦，當然。可是和你們講的很不一樣。高生物認為對一切都有益處的事是有價值的。

我們也是這樣啊！

沒錯，但你們給「益處」的定義卻大大不同。你們認為把一個小白球投給一個拿棒子的人很有益處，或在大銀幕上脫衣服很有益處——那益處比帶領你們的後代走向最高的真理，或為社會提供精神食糧更大。所以，你們對球員、電影明星的推崇要比對老師及教士更高，報酬也更高。在這些方面，你們事事倒退——和你們說你們的社會所要走的方向背道而馳。

你們的觀察能力不夠敏銳。高生物總是看出「什麼是什麼」，去做那「有效」的事。人類卻常常不是這樣。

高生物推崇老師與教士，並非因為那「在道德上是對的」，而是因為對他們所選擇的社會而言，那「有效」。

不過，既然他們有「價值體系」，他們就一定會有「有」的人和「沒有」的人。所以，在高生物社會中，有錢有名的人是老師，球員則是窮人。

在高生物社會中，沒有「沒有」的人。沒有一個人陷於你們人類允許人類所陷入的窮困境地。沒有人死於飢餓——像你們星球上每小時死四百個兒童，每天死三萬人那樣。也沒有你們工作文化中那種「暗中絕望」的生活。

沒有。高生物社會中沒有「貧困」這回事。

他們怎麼避免的？怎麼避免？

靠實行兩個基本原則——

我們都是一個。（We are all One.）

一切都夠用。（There's enough.）

高生物有「一切皆夠」的覺知；他們的意識也足以創造出這種情況。由於他們意識到一切都互相關連，因此，在高生物的星球上，自然資源都不會被浪費或破壞。這又使得人人都豐饒——因此，「一切都夠用」。

人類的不足感——「不夠」的意識——是一切憂慮、壓力、競爭、嫉妒、憤怒、衝突的根源；最後則導致屠殺。

再加上你們堅信萬物分立而非一體，於是你們生活中百分之九十的不幸就如此產生，歷史上百分之九十的悲劇也是由此產生，目前想使大家的生活改善卻無能為力，百分之九十也是出自這個原因。

如果你們把意識中的這兩個因素改變，則一切都會改變。

怎麼改？我想改，但我不知道怎麼改。給我工具，不要空口說白話。

好。這合理。工具來了。

要「做得像」（act as if）。

做得像你們全是一體。明天你就開始這樣做。把每個人都看作是「你」，只不過正在度難關。把每個人都看作是你，只不過缺一個公平機會。把每個人都看作是「你」，只不過經驗不同。

試試看。明天到處走走，試試看。用新的眼光看每個人。

然後，做得像「什麼都夠用」。做得像你有「足夠」的錢，「足夠」的「愛」，「足夠」的時間——那你又會怎麼做呢？你會更公開、更自由、更平均的分享嗎？

這倒有趣。因為這正是我們對待自然資源的態度，而生態學家卻為此批評我們。我是說，我們做得像「一切都足夠」。

真正有趣的是，你們做得就像那於你們有益的東西樣樣不足，因此你們把這類供應品看得很緊——甚至常常囤積。然而，對於環境、自然資源和生態，你們卻採取玩弄的態度。因此，唯一合理的假設是你們並不認為環境、自然資源與生態對你們有益。

或我們「做得像」什麼都足夠似的。

不是。如果真的這樣，你們就會把這些資源更平均的分享。然而現在是世界五分之一的人口用去了五分之四的世界資源。而你們沒有顯示任何跡象要改變這種分配。

你們把世界資源浪費在少數特權者的身上，是極為不智的；假如你們停止這種行徑，則世界資源確實足以供應每個人。如果人人都明智的運用資源，你們就不至於讓少數人這般不明智的運用得那麼多。

使用（use）資源，但不要濫用（abuse）。這就是所有的生態學者所說的話。

哦，我又開始喪氣了。你老是讓我覺得喪氣。

你真奇怪，你知道嗎？你孤單的在路上開車，迷途了，不知道怎麼走向你想去的地方。然後有人來了，告訴了你方向。「我知道了！」這時你應該好高興，不是嗎？不是，你卻喪氣。

實在令人驚訝。

我喪氣是因為我不認為我們會採取這個方向。我甚至不認為我們想要。我認為我們會直衝牆壁。這個讓我喪氣。

你沒有運用你的觀察力。我看到上千上萬的人在讀這本書時欣歡雀躍，我看到數以百萬計的人承認了這裡簡單的真理，我看到你們地球上正強烈的興起一股改變的力量，許多的思想體系都被拋掉了。原先統馭你們自己的許多方式已遭唾棄，經濟政策已在修改，精神真理已在被你們重新檢定。

你們人類正在覺醒中。

你們不需把這書中的一些提醒與觀察視為沮喪之源。當你們承認它是事實真相時，它可以成為你們極大的鼓舞力量，讓它成為驅動你們改革的引擎中的燃料。

你是改革催化劑。在人類創造生活和體驗生活的歷程中，你是那可以讓世界有所不同的人之一。

怎麼做？我可以做什麼？

讓你自己是那不同，是那改革。把那「我們都是一體」和「一切夠用」的意識體現在你身上。

改變你自己，改變世界。

你把這書和與神對話的全部資料都給予了你自己，以便你可以再度記起如何去過高度演化了的生物的生活。

我們以前曾經這樣生活過，是嗎？你曾經說，我們以前這樣生活過。

是的。在你們所說的古代和古文明中。我在此處所描繪的生活，大部分是你們人類曾經經歷過的。

好吧。現在我心中有某一部分更為喪氣了！你是說，我們曾經到達過那種地步，然後又完全失掉？那麼，這種「兜著圈子轉」究竟有什麼意義？

演化！演化並不是直線進行的！

你們現在有機會再創造你們古代文明的最佳經驗，而避開它最壞的部分。你們這次可以不必讓你們個人的自我與先進的科技把社會毀滅。你們可以採用不同的做法。你們可以締造不同。

如果你們允許自己這樣做，這可以使你們奮發。

好。我懂了。當我允許自己這樣想，我確實感到奮發！我會締造不同！請多告訴我一些事情。我想盡可能記得我們古代先進文明是什麼樣子，而今日的高度演化生物又是什麼樣子。他們怎麼生活？

他們群居度日，或用你們地球上的說法，生活在社群中。但他們大部分已捨棄你們所謂的「城市」或「國家」這種結構。

為什麼？

因為「城市」已經變得過大，不再能符合群居的需求，卻反而違反。城市造成的不是社群生活，而是「擁擠的個體」。

我們星球上也是一樣！在小鎮和村莊裡——甚至在開闊的城郊——反而比大城裡更讓人有

群體感。

沒錯。不過，在我們目前討論的其他星球和你們的世界之間，有一個不同。

什麼？

其他星球上的居民已經學會了這一點。他們更確實的觀察到「什麼更有效」。

我們呢，卻繼續創造更大更大的城市——即使我們明明看得出，這些大城在破壞我們的生活。

沒錯。

我們甚至還因排名而自得！如果我們的城市從世界第十二大城晉升到第十大城，則人人好像認為值得慶賀！商務部還真的以此來做廣告呢！

把退步認為是進步，正是原始社會的特點。

這話你以前說過。這又讓我喪氣起來！

你們已有越來越多的人不走這條路。你們有越來越多的人在重新創造小型「有意的」（intended）社區了。

那麼，你認為我們應該放棄我們的百萬大城而重返小鎮和鄉村嗎？

我沒有好惡。我只在做觀察。

你始終都這樣。那麼，依你的觀察，儘管我們明明看出大城對我們沒有好處，卻為什麼一再遷往越來越大的城市呢？

因為你們有許多人並沒有看出這對你們不好。你們以為聚集在大城中可以解決問題，但實際上卻只能製造問題。

沒錯，大城中有服務，有工作，有娛樂，都是小鎮或鄉村不能提供的。你們的錯誤卻在於認為這些事情有價值，而事實上，它們卻對你們有損害。

啊！你終究對這件事有了觀點！你露出了馬腳！你說我們犯了「錯誤」。

如果你們想去南部——

又來了——

嗯；如果你非要把觀察說成是「審判」，把事實的陳述說成是「好惡」不成的話。我知道你一直在想使溝通和覺知更為精確，所以我必得常常提醒你。

如果你想去南部，卻明明在開向北方，當你問路，而路人告訴你走「錯」了，你會認為路人是有「好惡」嗎？

我猜不會。

你猜？

好吧。不會。

那麼，那路人做的是什麼？

他只是在說「什麼是什麼」，只在指明我們的路。

好得很，弄懂了。

這一點你以前說過；不只一次。為什麼我一再想要認為你有好惡，會審判？

因為這就是你們的神話所供養的神，而你只要有機會就會把我套進那種神話中。再者，如果我有好惡，你們做起事來就容易得多。你們就不用自己去傷腦筋自求結論。你們只要照我說的去做就好了。

當然，你們卻無法知道什麼是我所說的，因為你們不相信這兩千年來我說過任何話，因此，你們別無選擇，只得依靠那些自稱傳授我當年真在傳授的教誨的人所說的話。可是，即使這樣仍舊大有問題，因為老師與教誨多如牛毛，人人不同，你們如何辨其真偽？結果，你們還是得自求結論。

人類有沒有路可以從這迷宮、從這悲慘的循環中走出？我們會「走對」嗎？

有「出去的路」，你們會「走對」。你們必須做的只是增加觀察的技巧。你們最好是能看出什麼對你們有用。這就叫「演化」。事實上，你們不可能「不走對」。你們不可能失敗。只是遲早的問題，不是會不會的問題。

但在這個星球上來說，我們是否已經時間不多了？

哦，如果你們以此為參數——如果你們想在這個星球上「走對」，想在這個星球仍然支持你們的時候——則沒錯，在這種情況下，你們最好是加緊腳步。

我們要怎樣加緊腳步？請幫助我們！

我在幫助你們。這對話三部曲不就是嗎？

好啊；可是請給我們更多一些幫助。你剛剛提過一點其他星球上高度演化生物的事，你說他們放棄了「國家」或「民族」的概念。為什麼？

因為他們看出，像你們所謂的「民族主義」概念會違背他們的首要指導原則：我們都是一體。

可是，民族主義卻支持我們的第二指導原則：適者生存。

正是。

你們把自己分成許多民族和國家，為的是生存和安全——造成的結果卻完全相反。

高度演化的生物拒絕結成民族和國家。他們相信只有一個民族，一個國家。你們甚至可以說，他們是「在神之下，形成一國」。（譯注：此句原出於美國獨立宣言。）

啊，說得好。（譯注：作者指神前面的引用很巧妙。）但他們有「全民共享的自由與正義」嗎？

你們呢？

問得好！

重點是，所有的物種都在演化。觀察什麼對你們有用，並依此調整行為，其目的就在演化。演化似乎是單方向進行的，離另一個方向越來越遠。它一直走向合一，而遠離分離。

這並不令人驚奇，因為合一就是終極實相，「演化」與「走向真理」是同一件事，只是名稱有別。

我也注意到「觀察什麼對你們有用，並依此調整行為」聽起來有點像「適者生存」——我們的指導原則之一！

很像，不是嗎？

所以，現在已是時候讓我們「觀察」一下這個事實：「適者生存」（也就是物種的演化）並沒有達成，反而是整個物種面臨災難——實際上是被自己所毀滅——為什麼呢？因為把

「過程」稱作了「原則」。

哦，你把我搞糊塗了。

過程叫作「演化」。指導這過程的「原則」是那指導你們演化過程的東西。

你沒錯。演化是「適者生存」。這是那過程，但不要把「過程」跟「原則」混為一談。若說「演化」跟「適者生存」是同義詞，而你們又宣稱「適者生存」為指導原則，那你們就是在說「演化的指導原則是演化」。

然而，這是不知道自己能控制自己之演化過程的物種所說的話。這是將自己降格為自己演化之觀察者的物種所說的話。因為大部分人都認為「演化」是漠然「進行」的過程，而不是一個他們可以依照某些原則來指導的過程。

因此，這物種就聲稱「我們依照……呃，演化原則……演化」。卻沒有說出那原則是什麼。因為他們把過程和原則搞混了。

然而，這物種在清楚了演化是過程，是它可以控制的過程時，它就不會把「過程」跟「原則」相混，而會有意識的選擇一個原則，用來指導演化過程。

這叫作有意識的演化。你們這物種才剛剛到達這個地步。

哦，何等令人難以置信的真知灼見！這就是你為什麼給芭芭拉．馬克斯．胡巴德那本書！我說過，她真的就管那本書叫《你正在改變世界》。

當然。是我告訴她的。

啊，妙不可言！那麼……我還想再談談E.T.這些高度演化的生物，既然不結成民族和國家，又怎麼組織自己呢？怎麼管理、統治自己呢？

他們不把「演化」當作他們的首要演化原則，卻基於純粹的觀察而創造出一個原則。他們觀察到事實上他們都是一體，這就是他們的首要原則。他們所設計的政治、社會、經濟與精神機制，都是支持這首要原則的，而不是拆它的台。

「那看起來」究竟是什麼樣子？比如，政府？

當你只有一個你，你怎麼管理自己？

什麼？

當只有你一個人的時候，你怎麼管理自己的行為？誰管理你的行為？除了你自己之外還有誰？

沒人。當我只有自己一個人的時候——比如，獨處孤島——除了我自己之外，沒人管我或控制我的行為。我可以愛怎麼吃就怎麼吃，愛怎麼穿就怎麼穿，也許我根本不穿衣服。我什麼時候餓了就什麼時候吃，什麼好吃、什麼有益健康就吃什麼。我喜歡做什麼就做什麼——有些是我活下去必須做的事。

嗯，你什麼智慧都有。我已經告訴過你，你沒有什麼要學的，只要回憶起來就好。

這是先進文明中的情況？他們光著屁股到處跑、吃草莓、挖獨木舟？這滿像野蠻人的！

你認為誰比較快樂——誰比較接近神？

這是我們以前談過了。

沒錯。我們談過了。原始文化的特徵是，以為單純就是野蠻；以為複雜就是先進。有趣的是，那些高度先進的人看法正好相反。

然而所有的文化——所有的演化——都是越來越走向複雜。

就某種意義而言，確實如此。不過，這裡我們又見到最大的神聖二分法：

至極複雜即是至極單純。

一個體系越是「複雜」，設計就越為單純。事實上，其單純又是極優美的。

大師明瞭這一點。這就是何以高度演化的生物活得至為單純。這也是何以高度演化的體系至為單純。高度演化的行政、教育、經濟或宗教體系，都是至為優美的單純。

比如，高度演化的行政體系就是完全不管，只有自治。

就如參與者只有一人，就如受影響者只有一人。

正是。

這正是高度演化的文化所了解的。

正是。

我現在開始拼湊得起來了。

很好。我們的時間不多了。

你要走了？

這本書已經很長了。

20 保密變成了你們的社交密碼

等一等！等一下！你不能現在就走！我還有幾個關於E.T.的問題。他們會不會有一天出現在地球上來「拯救」我們？他們會不會帶給我們新科技，來控制地球的地軸、淨化我們的大氣、駕馭太陽能、調整氣候、治療一切疾病，使我們在自己小小的涅槃中得到更好的生活品質？拯救我們免於瘋狂？

你們不會想要此事發生的。「高生物」明白這一點。他們知道這樣的干預只會讓你們屈服於他們，視他們為你們的眾神，來替代你們現在所屈服的眾神。

實況是，你們誰也不屈服，而這才是高度先進文化中的生物想要教你們明白的事。因此，如果他們要跟你們分享科技，他們在方式與速度上都會非常小心，讓你們得以認出你們自己的能力與潛能，而非別人的。

同樣，如果高生物要跟你們分享某些教誨，他們也會在方式與速度上非常小心，讓你們得以看到更大的真理，更真的實相，看出你們自己的能力與潛能，而不要把老師當成眾神。

太遲了。我們已經做了這種事。

沒錯。我注意到了。

這使我們想到我們最偉大的老師之一，名叫耶穌的人。即使那些不把他當作神的人，也承認他教誨的偉大。

但他的教誨已被嚴重扭曲。

耶穌是——高度演化了的生物嗎？

你認為他是否是高度演化了的？

是。佛陀也是，主、克里希那也是，摩西也是，巴巴吉、賽巴巴和波羅摩漢梭·瑜伽難陀都是。

沒錯。還有許多你沒有提到的。

嗯，在第二部中你曾「暗示」到耶穌和這些其他的老師可能來自「外太空」，他們可能是此地的訪客，跟我們分享高度演化生物的教誨與智慧。現在，把另一隻鞋也脫了吧。耶穌是「宇宙人」（Spaceman）嗎？

你們全都是「宇宙人」。

這是什麼意思？

你們並不是你們稱作家鄉的這個星球上的原住民。

我們不是？

不是。你們是由基因締造，而締造你們的基因則是有意放置在你們星球上的，它並不是湊巧「出現」在那裡。形成你們生命的諸種元素，並非由於生物學上的運氣而組合起來的。其中有計畫，有某種大得多的事情在進行。你們會以為造成你們生命的億萬零一個生化反應，是偶然發生在你們星球上的嗎？你們真的認為隨機事件的偶然串連，只靠機會就能得到這皆大歡喜的結果？

當然不。我相信一定是有計畫，神的計畫。

很好，你是對的。那是我的想法，我的計畫，我的歷程。

那麼——你是在說你是「宇宙人」？

當你們在想像中以為在與我說話時，傳統上是向哪裡望？

向上。我們向上望。

為什麼不向下？

我不知道，人人都向上望——向「天國」。

我從那裡來？

我猜——是的。

這使我變成宇宙人了嗎？

我不知道，是嗎？

如果我是宇宙人，會使我不大像神嗎？

以我們大部分人對你的想法來說，我想不會。

而如果我是神，會使我不大像宇宙人嗎？

我猜，這得全靠我們的定義而定。

而如果我根本不是「人」呢？如果我是宇宙中的力，是「能」呢？是宇宙呢？是一切萬有呢？如果我是那集體呢？

嗯，事實上，這是你說過的。在這部對話中，你曾這樣說過。

是，我真的說過。你相信嗎？

我認為我相信。至少就神為一切萬有這層意義而言，我是相信的。

好，現在，你認為有你們所稱為的「宇宙人」這樣的東西嗎？

你是指由外太空而來的生物？

對。

是，我相信有。我認為我一向就相信；而現在，由於你告訴了我確實有，所以我確實更相信了。

這些「來自外太空的生物」是「一切萬有」的一部分嗎？

是；當然。

如果我即一切萬有，則這使我成了宇宙人嗎？

嗯，是的……不過，由這個定義來說，你也是我。

賓果！

謝謝。不過你跳開了我的問題，我問你耶穌是否是宇宙人，我想你明白我的意思。我是說，他是來自外太空的生物？還是生在這個地球上的？

你的問題又落到「非此即彼」的模式中了，跳出窠臼想一想。把「非此即彼」拋開，而用「既是這樣，又是那樣」。

你是說，耶穌生在這個地球上，卻——姑且這麼說——有「宇宙人血緣」？

耶穌的父親是誰？

約瑟。

沒錯。但據說是誰使他成胎？

有些人認為這是無玷受胎。他們說，童貞瑪利亞受大天使之訪。耶穌是由「聖靈受胎，童貞瑪利亞生產」。

你相信這些嗎？

我不曉得要相信哪些。

好。如果瑪利亞受大天使造訪，你認為大天使來自何處？

來自天國。

你說「來自眾天國」？

我說「來自天國」，來自另一個界域，來自神。

我明白了。我們剛剛不是同意神是宇宙人嗎？

不完全是。我們同意神是一切，而由於宇宙人是「一切」的一部分，所以神是宇宙人；這意思跟神是我們每個人一樣。神是一切。神是那集體。

好的。那麼，這位造訪瑪利亞的大天使是來自另一界域。來自天國。

對。

一個深深在你自己之內的界域，因為天國在你們心中。

我沒有這樣說。

好，那麼，是宇宙中內在空間之內的一個界域。

不，我也不會這麼說，因為我不知道這是什麼意思。

那麼，來自何處？外太空的一個界域？

（暫停頗久。）

你現在是在玩弄文字。

我在盡力而為。我在運用文字，以求盡可能表述一些事情；而你們的文字有著可怕的局限，我要講的事情又無法用你們的語言形容，也無法藉由你們現在的覺知層次來領會。我在試圖以一種新的方式運用你們的語言來為你們開啟新的覺知。

好啊。那麼，你是在說，耶穌是由來自其他界域的一個高度演化生物受胎，因此，他既是人類，又是高生物？

曾有許多高度演化的生物走在你們的星球上——目前依然很多。

你是說有「外人」（aliens）在我們之間？

我看得出，你在報紙、電台脫口秀和電視上的工作很幫了你的忙。

你是指——？

你可以把什麼事都聳動化。我不會把高度演化的生物稱為「外人」，我不會把耶穌稱為「外人」。

沒有任何東西是「外」於神的。地球上沒有「外人」。

我們全是一體。如果我們全是一體，則我們個體化出來的個體，便沒有一個是「外」於它自己的。

我們個體化出來的某些個體——也就是個人——比其他個體記得的更多。記得的歷程（跟神再結合，或再度跟一切合而為一，跟那集體合而為一）就是你們稱為演化的歷程。你們都是演化中的生物，你們有一些是高度演化了的。也就是，記得的更多（re-member more），再度成為一體的部分更多。你們知道了你們真正是誰。耶穌知道，並說出來。

好吧，所以我們又在耶穌這碼子事上大跳文字舞了。

完全不是，我和盤托出吧。那個你們叫作耶穌的人，他的靈體（spirit）不是屬於地球的。那靈只是進入一個人類的肉體，允許自己幼兒時學習，成長為大人，自我實現。他不是唯一這樣做的，所有的靈體都「不屬於這個地球」。所有的靈魂（souls）都從另一個界域而來，進入肉身。然而，並非所有的靈魂都在某一特定的「一生」中自我實現，耶穌卻實現了。他是一個高度演化了的生物（你們有些人稱之為神），而他到你們這裡來是有目的的，有使命的。

來拯救我們的靈魂。

就一種意義來說，沒錯，是如此。但並不是拯救你們的靈魂免於永遠的懲罰。沒有你們所想像的這麼一種東西。他的使命是——以前是，現在也是——使你們知曉和體驗「你們真正是誰」。他的心意是想向你們證明你們可以變成什麼樣子。更真切的說，是你們是什麼樣子——只要你們願意接受就可以。

耶穌想用榜樣來引導。這就是為什麼他說「我是道路與生命，跟隨我」。他並不是要你們成為他的「跟隨者」，而是要你們跟隨他的榜樣，與神合而為一。他說，「我與父是一個，你們是我的兄弟」。他已經無法講得更明白了。

所以，耶穌不是來自神，而是來自外太空？

你的錯誤在堅持把兩者分開。你堅持分別，就像你堅持把人類與神做區分一樣。但我告訴你；沒有分別。

嗯——。好得很。在我們結束之前，你可以告訴我最後幾樣有關其他世界的事嗎？他們穿什麼？他們怎麼溝通？請不要說這只是出於好奇。我想我們可以從中學到一些事的。

好，那就簡單的說說。

在高度演化的文化中，生物看不出有什麼穿衣服的必要；唯一穿衣服的理由是某些天候情況他們無法控制，或為表示「階級」及榮譽而做的一些裝飾。

高生物會想不通為什麼你們在全無必要時把全身都包起來——她也無法理解你們的「羞恥」或「端莊」的觀念——也永遠無法想像把身體包起來會「比較好看」。對於高生物來說，沒有任何方式比赤身裸體更好看了；因此，把某些東西包在身體外面，讓它看起來更美、更有吸引力，在他們看來就是完全不可能的事。

他們同樣不可解的是，你們大部分時間生活在「盒子」裡——就是你們所說的「建築」或「房屋」。高生物生活在自然環境裡，唯一必須生活在盒子裡的時刻，是環境變得不利的時刻，但這種事情極少發生。因為高度演化的文明會創造、控制，並照顧他們的環境。

高生物也了解他們與環境是一體，他們與環境共享的不只是空間，而是共享著互相依存的關係。高生物無法了解你們為什麼會去破壞維持著你們生存的事物，因此唯一的結論就是你們不了解環境在維持著你們的生存，而你們是觀察技巧極為有限的生物。

至於溝通，高生物的首要溝通管道是你們所謂的感覺（feelings，感情）。高生物敏於覺知自己的和他人的感覺，而絕無意圖要去隱藏。隱藏自己的情感或感覺，在高生物來說，是自折台腳的事，因此不可理解。他們不會先隱藏自己的感受，然後又說人家不了解她。

感覺是靈魂的語言，高度演化的生物明白這一點。在高生物的社會中，溝通的目的是為了互相知曉真情實況。因此，高生物無法想像你們人類所說的「說謊」是什麼意思。

以「說謊」來取勝，在高生物而言是如此空洞的勝利，以至於他們不會認為那是勝利，而是驚人的失敗。高生物並不是「說」真情實況，而是「是」真情實況。他們的整個生存狀態是來自於「什麼是什麼」和「什麼有效」；高生物遠在溝通仍在雛形之際就已明白，虛假無效。而這一點，卻是你們社會到現在還未學會的。

在你們的星球，社會上的許多事都是建立在保密上。你們有許多人相信，使生活得以進行的是互相「不講」，而不是互相「講明白」。因此，保密就變成了你們的社交密碼，你們的倫理密碼。那真是你們的密碼了。

你們並不是人人如此。比如，你們的古代文化就非如此；你們現今的原住民也並非如此。你們目前社會中也有許多人拒絕採取這種行為模式。

然而你們的政治與工商業卻是以此密碼在操作，你們的許多關係也反映了這種情況。對於大大小小的事說謊已經變得被那麼多人接受，以至於你們關於說謊也在說謊。因此，你們發展出關於密碼的密碼。就如那國王根本沒穿衣服，人人知道，但沒人會說出來。你們甚至裝作不是沒穿衣服——在這裡，你們是自己對自己說謊。

這一點你以前說過。

在這對話裡，我把重點一說再說，好讓你們「領會」。因為你們說你們想把情況加以改變；但只有真正領會，才能改變。

所以我要再說一次：人類文化與高度演化的文化之間的不同，在於高度演化的生物：

一、充分觀察。

二、照實溝通。

他們看出「什麼有效」，並說「什麼是什麼」。這一個小小卻深沉的改變，將可無以計量的改善你們星球上的生活。

附帶說一聲，這不是「道德」問題。在高生物社會中，沒有「道德命令」；他們會像「說謊」一樣覺得那無法理解。那純粹是什麼可以運作、什麼有益處的問題。

高生物沒有道德？

沒有你們所以為的那種。某一些人設計出一套價值系統，要高生物個體照著它去生活——這種想法會違背他們對「什麼有效」的了解；因為他們認為，什麼行為得當或不得當，每個個體都是唯一和最終的裁決者。

他們的討論永遠都是：對這高生物社會而言，什麼行得通——什麼有效，並產生對每個人都有益的結果——而不是如人類所說的什麼是「對」的，什麼是「錯」的。

但那不是一樣嗎？我們不是把行得通的稱為「對」，行不通的稱為「錯」嗎？

你們把罪惡與羞恥的觀念加到了這些標籤上——而這是高生物同樣無法理解的。你們把非常多的事情標上了「錯」的符號，原因卻不是它們「行不通」，而純是因為你們認為它們「不得當」——有時不僅在你們眼中不得當，而且在「神的眼中」。因此，你們把「什麼行得通」和什麼行不通做了人為化的定義，而這定義卻和「什麼真正行得通」沒有關係。

比如，誠誠實實的表達自己的感覺，在人類社會中往往被認為是「錯」的。這是高生物絕不會達成的結論，因為在任何社群中，知曉互相的感覺正有助於生活之道。所以，如我說過的，高生物絕不會隱藏感覺，或認為這樣做「在社交上得當」。

其實，無論如何這也是不可能的，因為高生物會接收到其他生物的「振動」，而這明明白白的表現了他們的感受。如同你們有時候走進一間房子可以感受到那裡的「氣氛」，高生物就是這樣感受到另一個高生物正在想什麼，正在經驗什麼。

你們所謂的「語言」，在他們是極少應用的。所有高度演化的有情生物彼此之間，都有這種「心電感應溝通法」。事實上，物種演化的程度可以由他們在傳達情感、欲望和訊息時運用「語言」的程度來證明；同一物種內的個體互相之間的關係，也可由此證明。

我知道你現在要問的問題，所以我逕自回答：沒錯，人類可以發展出這種能力，有些人已經發展出來了。事實上，數千年或數萬年前，這是常態。其後你們卻退步了，退到應用最初級的發音——事實上是「噪音」——來做溝通。但你們有許多人現在正在回返更清晰的、更精確的、更優美的溝通方式。相愛的人之間更是如此；這說明了一個主要的真理：關懷會創造溝通。

凡有深沉的愛存在的地方，語言幾乎是不必要的。這個定理的逆定理也成立：彼此話越多，能夠互相關懷的時間就越少；因為關懷創造了溝通。

推到最後，一切真正的溝通所溝通的都是真情實況。而推到最後，最後唯一的真情實況是愛。這就是何以當愛在的時候，溝通就在。當溝通困難的時候，表示愛不充分。

說得那麼美妙啊！我應該說：溝通得多麼美妙啊！

謝謝。那麼，簡要的說，在高度演化的社會中，生活模式是這樣的：

他們群居，或如你們所說的，生活在小型的「鍾意」（intentional）社區。但這些社區不會再擴大為城市、州、省或國家，卻以平等的地位交互來往。

沒有你們所認為的那種政府或法律。他們有議會。通常是由長者組成。還有一種東西，如果用你們的語言，最好的譯法是「協議」。這些協議歸結為三連法（Triangular code）：覺察（Awareness）、誠實（Honesty）、責任（Responsbility）。許久以前，高度演化的生物就已認定這是他們共同生活的章法。他們之選用這樣的章法，並非基於道德考量，也非來自其他的個體或群體給他們的啟示，而純是基於他們的觀察：什麼是什麼；什麼有效。

他們真的沒有戰爭或衝突？

沒有。主要因為高度演化的生物分享一切，而任何你想要用武力奪取的東西，他們都會給你。他們之所以這樣做，是因為他們覺知到一切事物本就是屬於每個人的，而凡是他們「給」出去的，如果他們真的還想要，他們都可以創造更多出來。

在高生物社會中，也沒有「擁有」或「損失」的觀念，因為這些生物不認為自己是物質體（肉體）生物，而是現在以肉體的方式呈現的存有；他們也明白，一切存有都出自同一淵源，因此，我們全都是一體。

我知道你以前說過這些……但即使有人威脅高生物的生命，也不會有衝突？

不會有爭執，他會放下他的肉體——名副其實的把肉體留給你。如果他選擇再要一個肉體的話，他會重新進入一個肉體，以一個完全長大了的人出現，或進入一對相愛的人剛剛結胎的孩子身上。

後面這一種是他們更為喜愛的方式，因為在高度演化的社會中，沒有比新創造出的後代更受推崇的了，而成長的機會是無比的。

高生物沒有你們文化中對「死亡」的恐懼，因為他們知道他們是永遠活下去的，唯一的不同只是在採取什麼「形象」而已。高生物在一個肉體內的壽命通常都是無限期的長，因為他們知道如何照顧身體和環境。如果為了某些物理定律的原因，高生物的肉身不再運作良好，則他離開它就是，高高興興的將這肉體物質還給萬有去「回收再用」。（就是你們所說的「塵土歸於塵土」。）

讓我再回頭說一點：你說他們沒有所謂的「法律」。那麼，如果有人不依照「三連法」來做事又怎麼辦呢？卡崩（ka-boom，譯注：就是「斃了他」之意。）嗎？

不會，沒有「卡崩」，沒有「審判」，沒有「懲罰」，只有觀察「什麼是什麼」和「什麼有效」。

細心的去解釋清楚那「什麼是什麼」（也就是那人所做的）現在跟「什麼有效」不相合。而當某個個體現在所做的對社群無效時，則推到最後對那個個體也無效，因為個體就是群體，群體就是個體。所有的高生物都很快就「了解」這一點，通常都是在你們所謂的「青少年」期就了解，因此，一個長大了的高生物，極少會在做「什麼是什麼」時產生出「無效」的後果來。

可是如果產生了呢？

讓他改正錯誤就是。運用三連法，先讓他覺知他的所思、所言、所行所造成的全部後果。然後，允許他去評估和聲明他在造成這些後果時扮演的角色。最後，給他機會讓他為這些後果負起責任，使他得以採取改正、挽回或治療措施。

如果他拒絕呢？

高度演化的生物不可能拒絕這種事。那是無法想像的。因為那樣他就不是高等演化的生物，而現在所談的就變成了另一個層次的有情生命。

高生物在哪裡學到這些？在學校？

在高生物社會中，沒有「學校體制」；只有教育歷程，提醒後代「什麼是什麼」和「什麼有效」。後代是由長者養育，而不是由生育他們的人；但在教育過程中，生育他們的人卻不必須跟後代分開來住，而是任何時候想住在一起就住在一起，想陪他們多久的時間就陪多久時間。

在你們所稱為的「學校」中，後代自己訂定「課程」，自己選擇想學什麼技術，而不是被規定他們必須學什麼。因此，動機非常強，而生活技術也就學得又快，又容易，又欣歡。

三連法（其實並不是成文的「法規」，只是以你們的語文最接近的說法而已），並不是「填鴨式」的填到年輕人的腦子裡的，而寧是「成人」的「榜樣」，讓孩子自然而然「獲得」的——幾乎可說是滲透進去的。

高度演化的文化中，大人們很明明白孩子會去模仿他們所看到的事，而你們的社會卻是大人的所作所為正好和你們想要孩子去做的事相反。

高生物絕不會把某種影片播放給孩子連看幾個小時，而內容卻是父母不願意孩子去學習的。對高生物來說，這種事無法理解。

同樣不可理解的是，既然把這樣的影片播放給孩子看，而等到孩子突然做出光怪陸離的行為時，父母又認這跟影片沒有任何關係。

我要再說一遍：高生物社會和人類社會之間的不同，在於一個關鍵因素，那就是如實的觀察。

高生物社會的人承認親眼所見的事。人類社會中，許多人卻否認親眼所見的事。

他們明明眼見電視毀了孩子，卻予以否認。他們明明眼見暴力和「慘敗」被當作「娛樂」，卻否認其中的矛盾。他們觀察到菸草傷害身體，卻裝作沒這回事。他們看到父親爛醉罵人，卻全家否認，沒有一個人說一句話。

他們觀察到數千年來他們的宗教未能改變大眾的行為，卻也否認。他們清清楚楚看到政府對人民的壓迫甚於對人民的幫助，但他們裝作沒有看到。

他們看到健康照顧系統其實是疾病照顧系統，用了十分之一的資源來預防疾病，卻用十分之九的資源在經營疾病；純粹為了利潤動機，而不去教育民眾如何生活，如何作息，怎麼吃，怎麼喝，以得到健康——而這些，他們明明看到，卻予以否認。

將動物強迫餵食含有大量化學品的食物，然後殺來吃，這明明是有害健康的，可是他們否認。

他們做的還不只這些。凡是節目主持人敢討論這類題材的，他們便訴之以法。你知道，食物問題有一本美妙的書，深具洞察，那就是約翰·羅賓斯所寫的《新世紀飲食》。

可是許多人卻會在讀這本書時否認、否認、否認它有任何道理，關鍵就在這裡。你們人類生活在否認中，你們不但否認人人所見的事實，而且否認自己親眼所見的東西。你們否認個人的感覺，到最後，甚至於否認自己的真情實相。

高度演化的生物——你們人類中有一些便是——不否認任何事物。他們只是觀察「什麼是什麼」。他們清清楚楚看出「什麼有效」，「什麼在運作」。運用這些簡單的工具，生活變得很簡單。演化「歷程」得以受到尊崇。

沒錯。但是那「歷程」又是如何運作的？

為了回答這個問題，我必須再重複本對話一再重複的一個重點：一切都依你們認為你們是誰、你們想做什麼而定。

如果你們的目標是過和平、喜悅和愛的生活，則暴力就行不通。這已經是清楚證明的了。

如果你們的目標是健康長壽，則吃死肉、抽致癌物品、大量飲用殺死神經細胞、傷害腦筋的酒精是行不通的。這已經是清楚證明了的。

如果你們的目標是使後代免於暴力與憤怒，則讓他們經年累月暴露於暴力與憤怒的描繪中是行不通的。這已經是清楚證明了的。

如果你們的目標是照顧地球，明智的運用她的資源，做得卻像這些資源無限似的，是行不通的。這已經是清楚證明了的。

如果你們的目標是發現並培養一種與慈愛之神的關係，由此使宗教可以在人生的事務上發揮影響，則宣揚神會懲罰和報復，就行不通。這也是已經清楚證明了的。

一切都依動機而定，目標決定了後果。生活是由你們的意圖而產生的，你們的真正意圖表露在你們的行為中，而你們的行為又由你們真正的意圖來決定。就像生活中的一切事物（以及生命本身），它是循環的。

高生物看清楚這循環；人類沒有。

高生物回應這什麼是什麼；人類卻忽視。

高生物永遠都說真話；人類則常常說謊——對別人，也對自己。

高生物言行如一；人類則說的是一回事，做的是另一回事。

在你們內心深處，你們知道有什麼東西錯了——你們意圖「要去北部」，可是卻在「走向南方」。你們看到自己行為上的種種矛盾，目前已經準備要拋棄它們。你們清楚看到什麼是什麼，又什麼才行得通，你們已不願再支持這之間的矛盾與分裂。

你們是正在覺醒中的物種。你們的實現時間已近在眼前。

你們無需為此處所聽到的話喪氣，基礎業已打下，讓你們去體驗新的經驗，經歷更大的實相，而現在的一切都是為此做準備。現在，你們要跨出門檻了。

這份對話，特別是意在為你們把門打開。首先，是指出門來。看到了嗎？就在這裡！因為真理的光永遠都會照出路來。而現在給予你們的，正是真理之光。

現在，接受這真理，並把它實踐在生活中。秉持著這真理，並與人分享。現在，擁抱這真理，並永遠珍惜它。

因為在這《與神對話》三部曲中，我已再度告訴你們「什麼是什麼」。

無需更向前走。無需提出更多的問題或聆聽更多的回答，或滿足更多的好奇心，或提供更多的例子與榜樣，或更多的觀察。為了創造你們所渴望的人生，一切必需的，此處都已提供，都在這三部曲裡。無需再向前走。

我知道，你們還有更多的問題。我知道，你們還有更多的「但是——如果——又怎麼」。我知道，你們還沒有「做完」我們這裡所享受的探測。因為任何探測你們都是絕不可能、也絕不會做完的。

因此很明顯，這本書可以沒完的說下去。但它不會。你們跟神的對話會；但這書不會。因為你們可能提出的任何問題，都可以在這裡、在這完成了的三部曲裡找到答案。現在我們全部所能做的，是一再一再覆述那相同的智慧，把它重加擴大，回歸它。即使這三部曲的本身都是這樣的一種練習。這裡沒有新的東西。只不過重溫古老的智慧。

重溫是好的。再次熟悉是好的。這就是我說了那麼多次的回憶過程。你們沒有什麼要學習的。唯有憶起……。

所以，要常常重溫這三部曲；隨時翻開來看，隨時，隨時。

當你覺得有一個問題而此處卻未有回答時，翻開書來再找，再看。你會發現你的問題已得回答。然而，如果你仍然覺得你的問題未得回答，那麼，找尋你自己的答案。跟自己對話。創造你自己的真理實相。

在此中，你將體驗到你真正是誰。

21 到達那裡的路是「在」那裡

我不要你走！

我哪裡也不去，我永遠（always）與你同在，以一切方式（all ways）與你同在。

在我們停止之前，請讓我再問幾個問題。幾個最後、結尾的問題。

你知道的，不是嗎？你可以在任何時候走向內在，返回那永恆智慧之所，找到你的答案。

是，我知道我打從心底感謝是這個樣子，感謝生命是以這方式創造的，使我永遠具有這個源頭。但這套對話對我有用。這套對話是一個重大的恩典。我可不可以再問幾個最後的問題？

當然可以。

我們的世界真的面臨危險嗎？我們人類是在自取滅亡——真正的滅絕嗎？

是的。除非你們慎重思考這種真正的可能性，否則你們就無法避免。因為，凡是抗拒的，就會持續下去。只有注意的，才會消失。

也要記住我對你們所說的關於時間與事件的話。你們所可能想像的——曾經想像的——一切事件，都在現在發生，在此永恆時刻發生。這就是神聖的剎那。這是先於你們覺察的時刻。這是在光到達你們之前就在發生著的。這是現在（present）時刻，是在你們甚至還不知道它之前送給你們、被你們所創造的！你們稱它為「禮物」（present）。而它是「禮物」。它是神給你們最大的禮物。

在你們所曾想像過的一切經驗中，你們有能力選擇現在要經歷什麼。

這你曾說過。即使我的覺知能力有限，我現在也開始對這有了一些領悟。這些沒有一樣是「真」的，是嗎？

是的。你們生活在幻象中。這是一場魔術大戲。而你們裝作你們不知道在玩什麼把戲——儘管你們自己就是那魔術師。

一定要記得這一點，不然你們就會把什麼東西都弄得非常真。

但是我所看、所愛、所嗅、所觸，真的似乎非常真。如果這不是「真相」，那什麼是？

要記住：你所視的，你並沒有真正「見」。你的腦子並不是智慧的來源，它只是資料處理器，它收入由感官進入的資料，它依照對這能量訊息的原先資料來作解釋，它告訴你它感受到什麼，而不是真正是什麼。根據這些感受，你以為你知道了某些事物的真相，但事實上，你連一半也不知道。事實上，你是在創造你所知道的真相。

包括這整套與你的對話。

這再確定不過了。

有些人在說：「他沒有跟神說話。這完全是他自己造出來的。」我怕你是在火上加油。

溫柔的告訴他們：「跳出窠臼」來想。他們想的是「不是這樣就是那樣」。他們可以想「既是這樣又是那樣」。

如果你們局限在目前流行的價值、概念與體會中，你們就不可能領會神。如果你們希望領會神，你們必須願意承認你們目前這方面的資料很有限，而不是認為你們已經有了一切該有的資料。

我希望你們注意沃納·艾哈德（Werner Erhard）的話，他說只有當願意留意以下這情況，真正的清晰才能到來：

「有一件事是我不知道的，知道了它，會把一切改變。」

有可能你既「跟神說話」，又「完全自己把它造出來」。

事實上，這正是最了不起的真相：一切都是你造出來的。

生命是那歷程，由此歷程，一切被創造出來。神是那能量——那純粹的、原始的能量——你們稱它為生命，由這項覺知，我們達到一個新的真理。

神是一個歷程。

我認為你說過神是一個集體，神是一切萬有。

我確實說過。神是。神也是那歷程，以此歷程，一切萬有藉以創造出來，並體驗其自身。

以前我曾向你做過這啟示。

是的。是的。當我寫《再創造你自己》這本小冊子時，你曾給我這智慧。

確實。現在，為了讓更多的聽眾聽到，我要在這裡這樣說：

「神是一個歷程。」

神不是一個人、地或物。神正是你一向所常想而不了解的那樣。

什麼？

你常想神是那至高的存在（the Supreme Being）。

是。

這一點你是對的。我正是如此。一個存在。注意，「存在」不是一個物；它是一個歷程。

我是那至高的在。這是說，那至高的，逗點，正在（being）。

我不是歷程的結果；我是那歷程本身。我是那創造者，我又是那歷程——以此歷程我被創造出來。

你在天與地中看到的一切，都是被創造出來的我。創造的歷程永不會過去。永不會完成。我永不會「完」。這只是以另一種說法說一切永遠在變。沒有任何事物是恆定不動的。沒有任何東西——沒有任何東西——是不在動的。一切事物都是能量，在動。在你們地球上的速記中，你們稱它為「動情」！

你們是神最高的情感！

當你們看一個東西時，你們並不是在看著一個「站在」時間與空間中靜態的「東西」。不是！你們是在目睹一個事件。因為一切事物都在移動，變遷，演化。一切事物。

柏克明斯特．傅勒曾說：「我似乎是一個動詞。」他是對的。

神是一事件，你們稱此事件為生命。生命是一個歷程，這歷程是可觀察的，可知的，可預言的。你們觀察得越多，就知道得越多，可預言的也就越多。

這真是我很難接受的。我一向以為神是那不變者，是那恆定者，是那不動的動者，是在關於這不可測的絕對真理中，我找到的我的安全。

但那正是真理！那唯一不變的真理是神一直在變。這就是那真理——而你無法用任何方法改變它。唯一不變的一件事，就是萬物永遠在變。

生命是變，神是生命。

因此，神是變。

但我想要相信的一件不變的事是，神對我們的愛。

我對你們的愛永遠在變，因為你們永遠在變，而我愛那樣子的你們。因為我愛那樣子的你們，所以我對什麼是「可愛」的觀念必須常變，因為你們對你們是誰的觀念常變。

你是說，即使我決心做謀殺者，你也覺得我可愛？

這我們已經全部講過了。

我知道。但是我搞不懂！

從每個人的世界模型來看，沒有任何人做的任何事是不得當的。我永遠愛——以各式各樣的方式愛。沒有任何「方式」是你們可以使得我不再愛你們的。

但是你會懲罰我們，是不是？你會慈愛的懲罰我們。你會把我們送到永恆的折磨中，在這樣做的時候，你心中卻存著愛與悲傷。

不。我不會有悲傷，因為沒有任何事情是我「必須去做」的。誰會讓我「必須去做」什麼呢？

我永遠不會懲罰你們——但你們卻可能選擇在這一生或在來世懲罰自己，直到你們不再選擇為止。我不會懲罰你們。因為我不會受到傷害——而你們也不可能傷害到我的「任何部分」，也就是你們自己，因為你們都是我的一部分。

你們有人可以選擇感覺到被傷害，然則當你們回返永恆界域，你們就會明白你們完全沒有受到傷害。在這一刻，你們就會原諒你們原以為傷害了你們的人，因為你們了解了那更大的計畫。

那更大的計畫是什麼？

你記得在第一部中我送給你的寓言書《小靈魂與太陽》嗎？

記得。

這寓言有下半段。我說給你聽：

「神的任何部分，只要你希望成為，你都可以選擇去成為。」我對那小靈魂說，「你是絕對的神性，在體驗其自身。現在，你希望體驗神性的哪一層面呢？」

「你是說我可以有選擇？」那小靈魂問道。我回答：「沒錯。你可以選擇在你之內。以你之身並藉由你來體驗神性的任何層面。」

「好的，」那小靈魂答道，「那我選擇寬恕。我要體驗我自己為神的那個稱為完全寬恕的層面。」

好啦，這造成了一項小小的挑戰，是你可以想像的。

沒有誰需要被寬恕。我創造的一切都是完美與愛。

「沒有誰需要被寬恕？」那小靈魂有點難以置信。

「沒有，」我又說了一遍，「看看周圍。有哪一個靈魂是比你不完美、不美妙的嗎？」

於此，那小靈魂轉身，吃驚的發現天堂的靈魂都在他周圍。他們從國土各處遠近奔來，因為他們聽說這小靈魂與神有一番不尋常的對話。

「我沒看到一個靈魂比我不完美！」那小靈魂驚呼道，「那麼，我要寬恕誰呢？」

正在此時，有一個靈魂從大眾中走出。「你可以寬恕我。」這友善的靈魂說。

「寬恕你什麼？」小靈魂問道。

「我會來到你下一次的肉身生活中，做一些事情讓你寬恕。」那友善的靈魂說。

「但那是什麼？你這樣一個完美的光之存在，你能做什麼事情讓我寬恕你呢？」那小靈魂想要知道。

「哦，」那友善的靈魂微笑道，「我們一定可以想出一點什麼來的。」

「但是，為什麼你要做這樣的事呢？」那小靈魂無法想像這樣一個完美的存在，何以會要把它的振動放慢那麼多，以致可以做出什麼「壞」事來。

「簡單，」那友善的靈魂說，「我那樣做是因為我愛你。你不是想要體會自己為寬恕之心嗎？再說，你也曾經為我做過同樣的事。」

「我做過？」小靈魂問道。

「當然。你不記得了？我們——你和我——曾經是那全部。我們曾是其上與其下，其左與其右。我們曾是其此與其彼，其前與其後。我們曾是其大與其小，其公與其母，其善與其惡。我們曾是其一切。

「而且我們這樣做是出於協議，因為這樣我們各自才可以體驗到自己為神最恢宏的部分。因為我們了解到……

「若無你所不是的，則你所是的，即不是。

「若無『寒』，你即不能『暖』。若無『悲』，你即不能『喜』，若無稱為『惡』之事，則你所稱為『善』的事就無法存在。」

「如果你選擇是某一個事物，則在你的宇宙中，就必須有某一事物或某一人，呈現在跟你想是的事物的相反面貌來，才能使你的選擇可能實現。」

那友善的靈魂解釋道：那些人便是神的特使。而那些狀況則是神的禮物。

「我只要求一件回報。」那友善的靈魂宣稱。

「什麼都可以！什麼都可以！」小靈魂喊道，現在，由於他知道了他可以去體驗神的任何神聖層面而興奮不已。現在，他知道了那計畫。

「在我毆打你的時候，」那友善的靈魂說，「在我對你做你無法想像的事情時——就在那當刻……要記得我真正是誰。」

「哦，我不會忘記！」那小靈魂答應道，「我會以我現在看到的你來認識你——完美無缺。我會記得你是誰，永遠記得你是誰。」

這真是……太棒了！這真是個驚人的寓言！

那小靈魂的諾言，就是我對你們的諾言，這就是那不變的。然而，你——我的小靈魂，你有沒有對他人信守這諾言呢？

沒有，我很難過的說我沒有。

不要難過。要高高興興的注意到什麼是真的，高高興興的決心實踐新的真理。

因為神是個在進行中的工作（a work in progress），所以你也是。要永遠記得這句話：

如果你像神看你一樣看自己，你將時常微笑。

所以，現在去吧，去以每個人真正是誰來看待他們。觀察。觀察。觀察。

我曾對你說過：你們與高度演化的生物主要的不同在於他們更會觀察。

如果你們想加快你們演化的速度，則需更會觀察。

這本身就是奇妙的觀察了。

而我現在希望你觀察到，你，也是一個事件。你是一個人類，逗號，正在是（You are a human, comma, being.）。你是一個歷程。在任何「片刻」，你都是你歷程的產品。

你是那創造者與那被創造者。（譯注：英文此處用的是The Creator與The Created，意謂「獨一無二的」創造者與被創造者，跟神完全一樣。）在這我們相處的最後幾段時刻中，我已一再對你這樣說。我這樣做，是為了讓你能聽見，能領會。

你跟我是這歷程，而這歷程是永恆的。它一直在發生：過去是，現在是，永遠是。它無需你「幫助」而發生。它的發生是「自動」的。而當任其自行，它發生得很完美。

沃納．艾哈德另有一句格言是關於你們的文化的：在生命自己的歷程中，生命自理其自己。

有些心靈的運動解釋這句話的意思為：「放手任神行。」（Let go and let God.）這是很好的領會。

只要你放手讓它去，你就會走在「道」上。「道」就是「那歷程」，又稱為生命本身。這就是何以一切大師都說：「我是生命與道路。」他們清楚的了解我這裡所說的意思。他們是生命，他們是道路——也就是在進展中的事件，那歷程。

所有的智慧要你們去做的，都是信任那歷程。也就是，信任神。或者，如果你願意那麼說的話，信任你自己。因為你就是神。

記住：我們都是一個。

當那「歷程」——生命、生活——老是為我帶來我所不喜歡的事情，我怎麼能「信任」它呢？

去喜歡生命一再帶給你的事情！

要知道和領會這些是你自己帶給你自己的。

看出那完美。

在一切事物中看出，而不僅在你所稱為完美的事物中。在這三部曲中我已細心的向你解釋事情為何會以它們所發生的樣子發生，又如何發生。在這裡，你已不需要重新去閱讀那些資料；不過，經常反覆閱讀它，對你是有益的，因為可以讓你徹底的領會。

請——只就這一點——請給我一個綜括性的灼見：對於那在我的經驗中全不覺得它完美的事，我如何能「看出它完美」？

沒有任何人可以創造你對任何事的經驗。

在你與人共同的生活中，別人可以是、也確實是外在環境與事件的共同創造者；但在任何事情上，沒有任何人可以讓你去經驗你不選擇去經驗的經驗。

在這方面，你是一個至高的存在。沒有任何人——一個都沒有——可以告訴你「怎麼做」。

世界可以提供境遇，但只有你自己，決定這些境遇的意義。

請記住我許久以前告訴過你的真理：

沒有什麼事是了不起的。（Nothing matters.譯注：另一重含義是：「沒有任何東西是物質。」）

是的，但我不確定當時我是否完全懂得。那是一九八〇年在我一次出體的經驗中發生的，我清清楚楚的記得。

你記得的是什麼？

一開始我有點混亂。怎麼可能「沒什麼事是了不起的」呢？如果沒什麼事是了不起的，那麼，這世界又將置於何處，我又將置於何處？

這是個非常好的問題——你找到的答案是什麼？

我「明白」到，沒有任何事情本身是有什麼了不起的，是我把意義加在上面，因此使它們有什麼了不起。我是在非常高的形而上的層次上領會到這一點，這使得我對創造歷程的本身也有了重大的洞察。

那洞察是——

我「明白」到，一切都是能量，而能量轉化為「物質」（matter）——也就是物理的「質料」和「事件」——（它所呈現的面貌）則依我怎麼去想它們而定。於是，我領會到，「沒有什麼事是了不起的」這句話，意謂的是除非我們選擇把某某東西轉化為物質，否則它就不會轉化為物質。後來，我把這洞察遺忘了十多年，一直到你在這對話開始不久之後，又重新帶給我。

這對話所帶給你的一切都是你以前知道的。其中的一切，我都曾透過派往你面前的人，或帶給你的教誨給過你。這裡沒有新的事物，你沒有什麼要學習的。唯一需要做的是記起。你對於這句話的智慧之領會是豐富而深刻的，對你有很大的用處。

很抱歉，在這對話結束前，我必須指出一個明顯的矛盾。

什麼？

你曾一再一再教誨我。我們所稱為的「惡」，之所以存在是為了讓我們有一個脈絡，於其中得以讓我們體驗到「善」。你曾說，如果沒有那我所不是的，我就無法體驗那我所是的。換句話說，沒有「寒」，就沒有「暖」，沒有「下」，就沒有「上」等等。

沒錯。

你甚至還曾用這個來向我解釋，何以我可以把每個「難題」都看成祝福，把每個做惡者都看成天使。

也沒錯。

那麼，為什麼對高度演化生物的描述中都完全沒有「惡」？你所有的描述都是樂園！

哦，很好。非常好。你真的是把這些事情都想過了。

事實上，是南茜提出來的。我把這資料的某些部分唸給她聽，她說：「我想，在對話結束前，你需要把這件事問一問：如果高生物在生活中把負面的東西都消除掉了，那他們怎麼去體驗他們真正是誰呢？」我覺得這是一個好問題。事實上，這問題讓我呆住了。我知道你剛剛說過，不需再提任何問題，但我想再問這一個。

好的。那麼，我就為南茜回答這個問題。事實上，這是這本書裡最好的問題之一。

（清喉嚨的聲音。）

嗯……我倒是很吃驚，在我們談高生物時，你竟然沒有想到。

我想到了。

你想到？

我們都是一個，不是嗎？嗯，是我的南茜部分想到的！

啊，太棒了！當然，這是真的。

那麼，你的回答呢？

我要回到我原初的陳述。

如果沒有你所不是的，則你所是的，就不是。（In the absence of that which you are not, that which you are, is not. 譯注：也可譯為：如果你所不是的那個東西不存在，則你所是的那個東西即不存在。）

也就是說，如果沒有「寒」，你就不能知曉什麼叫作「暖」。如果沒有「上」，則「下」就是空的、沒意義的概念。

這是宇宙的一個真理。事實上，它解釋了宇宙何以是宇宙的樣子，有其寒，有其暖；有其上，有其下；是的，並有其「善」，有其「惡」。

然而要知道：這全是你造作出來的。是你在決定什麼是「寒」，什麼是「暖」，什麼是「上」，什麼是「下」。（進入太空你就知道你的種種定義都不見了！）是你在決定什麼是「善」，什麼是「惡」。而且你們關於所有這些事物的看法，都隨年代而改變——甚至隨季節而改變。夏天，華氏四十二度你們說「冷」，到了隆冬，同樣的溫度，你們會說：「好傢伙，今天真暖和！」

宇宙僅提供你們經驗場——可以稱為客觀現象場域。但決定如何去標示它們的，卻是你們。

宇宙是一個這種物理現象的整個體系。而宇宙是巨大的、浩瀚的、廣不可測的，事實上，是無盡的。

有一個大秘密是：為了使你體驗你所選擇的實相，所提供的脈絡並不必然非要將相對境況置於你的近處不行。

兩個對比的境況間的距離是無關緊要的。整個宇宙都在提供脈絡場，其中存在了一切互相對比的元素，因而使一切經驗都可能發生。這就是宇宙的目的。這就是其功用。

但如果我從沒有親身體驗過「冷」，只是了解某個很遠的地方氣溫很「冷」，我怎麼能知道「冷」是什麼呢？

你體驗過「冷」。你體驗過一切。若不是在這一生，那就是在前一生。或更前一生。或許許多多生之中的一個。你體驗過「冷」、「大」與「小」、「上」與「下」、「此」與「彼」，以及存在的一切。這些都烙在你的記憶中。

如果你不想要，你就無需再去體驗它們。為了運用宇宙的相對法則，你只需記得它們即可——知道它們存在即可。

你們每一個。你們每一個都體驗過一切。宇宙中的萬有（all beings）都是如此，而不僅只是人類。

你不僅體驗過一切，你就是一切。你是它的全部。

你是那你所體驗的。事實上，是你造成這體驗。

我不能確定我是否了解這個。

我會用機械式的語言為你解釋。此刻，我要你了解的，是現在你所做的只是記得你所是的一切，並從中選擇你此刻、此生，於此星球，以此肉身想要經驗的部分。

我的神啊，你把它說得多麼簡單！

本來就簡單。你把自己從神的身分分開了，從萬有、從那集體分開了，而你正在重又成為此身的一部分（a member）。這個歷程就叫作「回憶」（re-membering，再成為一部分）。

在你回憶時，你又給了你自己一切你是誰的經驗。這是一個循環。你一做再做此事，稱它為「演化」（evolution）。你說你在「演化」。其實，你在「繞著轉」（Re-volve）！正如地球繞著太陽轉。正如星系繞著它自己的中心轉。

一切萬有都繞著轉。

循環（revolution，革命）就是一切生命的基本運動，生命能在循環，這正是它在做的。你是真的處於真正的革命運動（revolutionary movement）中。

你是怎麼做到的？你怎麼總是會找到一些字眼，把什麼都說得這麼清楚？

這是因為你讓它更為清楚，你因理清你的「接收器」而讓它更清楚，你把靜電干擾都解除了。你進入了想求知的新願望，這新願望會為你和你們的物種改變一切。因為在你的新願望中，你變成了一個真正的革命者——而你們星球上最大的精神革命正在開始。

最好是趕快，我們需要一種新精神，現在就要。我們已經把環境搞得一團糟了。

這是因為儘管一切存有固然都已經歷過一切對照的事件，但其中有些人卻並不知道這樣過。他們忘了，又尚未走向充分記憶。

高度演化生物就不是這樣。為了知曉他們的文明何等「正面」，他們並不需要面前有何等「負面」。他們明確覺知他們是誰，無需創造負面來做證明。高生物只靠觀察宇宙其他地方的脈絡場，就可明白他們所不是的樣子。

事實上，你們的星球就是高度演化生物用以做對比場域的處所之一。

當他們這樣做時，就以你們現在正在經驗的情況，提醒了他們曾經經驗的情況，因此，他們形成了一個正在進行中的參考架構，由此，他們可以知道並了解他們正在經驗的。

你現在明白高生物為什麼在他們的社會中不需「惡」或「負面」了嗎？

明白了。但為什麼我們社會中卻需要呢？

你們不需要，這是我在整個對話中一直告訴你們的。

為了要體驗你們是誰，你們確實必須生活在一個脈絡場，而這場中存在著你們所不是的那些東西。這是宇宙法則，你們無法避免。然而你們現在卻正是生活在這樣的場中。你們無需去創造一個。你們現在生活的脈絡場叫作宇宙。

你們不需要在你的後院再創造一個小型的脈絡場。

這意謂你們可以立即改變你們星球的生活，消除所有你們所不是的，而完全不致威脅到你們知曉和體驗你們是什麼的能力。

哦！這是這本書中最大的啟示！結束這書的方式是多麼的令人驚訝！所以，為了創造和體驗關於我是誰，我曾經有過的最偉大意象之最恢宏的版本，我不必須招來那相反的一面了！

完全對，這是我從開始就在跟你說的。

可是你並沒有用這種方式解釋！

因為一直到現在你才能了解。

為了體驗你是誰和你選擇是什麼，你並不必須去創造相反的一面。你只須觀察到它已經被創造出了——在別處。你只須記得它是存在的。這便是「善惡之樹的知識之果」；對此我已向你解釋過，它不是詛咒，不是原罪，而是如馬修·福克斯（Matthew Fox）所說的原福（Original Blessing）。

而為了記得它存在，記得你曾經以肉軀之身體驗過——樣樣體驗過——你必須去做的……只是向上看。

你的意思是說「向裡看」。

不是，我就是我說的意思。向上看，看星辰，看天，觀察那脈絡場。

我曾經告訴過你，為了成為高度演化的生物，你全部需要做的，只是加強你們的觀察技術。看出「什麼是什麼」，然後去做那「有效的」事。

所以，由於觀看宇宙其他地方，我可以看到別處的情況是什麼樣子，用作對比，來了解在此時此地我是誰。

沒錯，這叫作「回憶」。

嗯，不很對，應該叫「觀察」。

那你以為你觀察到的是什麼？

其他星球上的生活，其他太陽系上的，其他星系上的，如果我們累積的科技足夠的話，這就是我們可能觀察到的。高生物既然科技這麼先進，我想這就是他們現在有能力在做的事。你說過，他們現在正在地球上觀察我們，所以那是我們可能觀察到的東西。

但你們可能會觀察到的真正是什麼？

我不明白你這問題的意思。

那麼，我就告訴你答案。

你們正在觀察你們自己的過去。

什——麼？？？

當你向上看，你看到星辰——幾百、幾千、幾百萬光年以前的。你所看到的並不真正在那裡，你所看到的是曾經在那裡的東西，你看的是過去，而那卻是你曾經參與的過去。

請再說一遍！！！

你曾經在那裡，體驗那些事，做那些事。

我？

我不是告訴過你，你曾活過許多世嗎？

沒錯，但是……但是，如果我真能越過許多光年的距離，跑到其中一個地方去，又怎麼樣呢？如果我真的有能力到達那裡又怎麼樣呢？此時，「立刻」到了我現在在地球無法「看到」的幾百光年以外的地方？那我會看到什麼？兩個「我」？你是說，我會看到兩個自己同時存在在兩個地方？

當然！你會發現我一直在告訴你的一件事：時間不存在。而你根本不是在看「過去」！一切都發生在現在！

而且，「此刻」，你也生活在以地球的時間而言你的未來中。是由於你的許多「自己」之間的距離，讓你可以體驗到不同的身分和「時刻」。

因此，你所回憶的「過去」和你會看到的「未來」，都是「現在」——那只是現在（the "now" that simply IS）。

哇！真難以置信。

沒錯，在另一個層面上也是如此。我曾告訴過你：我們只有一個。因此，當你上望星辰的時候，你所看到的，可稱為我們的過去。

我越來越迷糊了！

撐著點，我還有一件事要告訴你。

你所看到的一切，以你們現在的用詞而言，都永遠是「過去」的東西——儘管你在看的是眼前的東西。

真的？

不可能看到現在。現在正在「發生」，然後綻放為光——由能量的發散形成——光到達你的接收器，你的眼睛，而它這樣做是要花時間的。

當光向你傳遞的時候，生命則在繼續，向前移動。在上一個事件的光向你傳遞時，下一個事件正在發生。

能量的爆炸到達你的眼睛，你的接收器把訊息送到你的腦部，腦部解釋資訊，並告訴你你看到的是什麼。然而那已完全不是當前的東西，它是你以為你正在看的東西。這就是說，你在思考你曾看到的東西，告訴自己它是什麼，決定管它叫什麼，而「現在」正在發生的事卻已先行，在等待你的處理過程。

簡單的說：就是我永遠比你先行一步。

天啊！這真是難以置信！

現在聽著。在你自己與所發生的事件之間距離越遠，那事件就發生在許久許久之前了。然而，它卻並非發生在「許久之前」。只因為物理的距離，才造成了「時間」的幻象，使你得以體驗你的自己，同時既「此時在此處」而又「彼時在彼處」！

有一天，你將明白，你所說的時間和空間是同一回事。

於是你就明白，一切都正在此時發生於此處。

這……這……簡直是瘋狂。我是說，我不知道要怎麼想才是。

當你明白了我對你所說的話，你就會明白你所看到的一切沒有一樣是真的。你所看到的一切，都是曾經發生的某一事件的影像（image），然而，即使這影像，這能量的綻放，也是你正在解釋中的東西。你個人對此影像的解釋，叫作你的想「像」（image-ination）。

你可以應用你的想像去創造任何東西。因為——這是一切秘密中最大的秘密——你的想「像」是雙向運作的。

什麼？

你不僅解釋能量，你也創造能量。想像是你的心（mind）的功能，而心是你的三分之一——你本是三合一的生命。在你心中，你想像某一事物，而它就開始具象。你想像的時間越久（或你們想像它的人越多），它就越為具象，直到你們所給予它的越來越多的能量名副其實的使它爆發綻放為光，閃耀為它自己的影像，你們稱它為事實。

於是你們「看到」那影像，並且再度決定它是什麼。如此，這循環得以繼續。這就是我所稱為的那歷程。

這就是你，你就是這歷程。

這就是神，神就是這歷程。

我曾說，你既是創造者，也是被創造者，意思就是如此。現在我已把一切為你總結在一起。我們就要結束這對話，我已向你解釋過宇宙的力學，一切生命的奧秘。

我……太震撼了。我……目瞪口呆。我……想要把這一切都實行在日常生活中。

你正在日常生活中實行它。你無法不實行它。這就是正在發生的情況。唯一的問題是，你有意識的實行它，還是無意識的實行它，你是接受這歷程的後果，還是做為它的原因。在樣樣事情上，都要為「因」（be cause）。

孩子們最懂得這一點。問小孩：「你為什麼這樣做？」他會答道：「就是因為嘛！」這是做任何事情的唯一理由。

驚人！這是驚人之筆，驚人對話的驚人結論。

為了有意識的實行你的新觀念，最重要的途徑就是去做你的經驗的原因，而不是承受你經驗的後果。要知道，為了知曉和體驗你真正是誰、你選擇是誰，你並不必須在你個人的空間或個人的經驗中，創造跟你是誰相反的東西。

具備了這種認知，你可以改變你的生活，你可以改變你的世界。

這是我來跟你們所有的人共享的真理。

哇！嗯！哈！我明白了！我明白了！

善哉！現在，你要明白，這整個三部曲中，有三種基本智慧貫穿其中：

1我們都是一體。

2一切都足夠。

3並沒有什麼事是我們必須去做的。

如你們決定「我們都是一體」，則你們就不會再像你們現在那樣互相對待。

如果你們決定「一切都足夠」，則你們就會與一切人分享一切事物。

如果你們決定「沒有什麼是我們必須去做的」，則你們就不會再企圖用「做」來解決你們的問題，而是走向一種存在狀態（state of being，「是」的狀態）——並且出自此種狀態——使你們對這些「問題」的經歷得以消失，那些境況因而也得以消失。

在你們當前的演化階段，這可能是你們最需領會的真理，也是本對話很好的結尾。要永遠記得這個，將它視為你的「真言」：

沒有什麼是我必須有的，沒有什麼是我必須做的，沒有什麼是我必須是的——除了此時此刻我正在是的這個人之外。

這不並意謂「有」與「做」會從你的生活裡消失。它意謂著你的「有」與「做」的經驗，是從你的「是」（being，譯注：生命）中湧出，而非將你帶向它。

當你出自「快樂，幸福」，你因你是快樂幸福而做某些事——這跟你們舊有的範型相反，因為你們原先去做某些事，是希望能使你們快樂幸福。

當你出自「智慧」，你因你是智慧而做某些事，而不是因你想要得到智慧。

當你出自「愛」，你因你是愛而做某些事，而不是因為你想要有愛。

當你出自「是」（being），而非尋求要「是」什麼，則一切都會改變；一切都兜轉過來。你不可能由「做」而走向「是」。不管你想要「是」快樂幸福，想要是智慧，是愛——或是神——你都不可能由做而「到達那裡」。然而，一旦你「在那裡」，你就真會做出奇妙的事情來。

這就是神聖二分法。「到達那裡」之路是「在那裡」。你選擇去何處，在那裡就是！就是這麼簡單。沒有什麼是你必須去做的。你想要快樂幸福？快樂幸福就是。你想要有智慧？智慧就是。你想要有愛？愛就是。

這就是你。不管在任何事情上，都是如此。

你是我所愛。

哦！這叫我喘不過氣來了！你表達事情的方式是多麼奇妙啊！

是真理在滔滔善辯。真理自有其優美，可以重新喚醒心靈。

這套《與神對話》正是如此。它觸動了人類的心，將他們驚醒。

現在，這些對話把你們帶到一個關鍵性的問題。這是一個所有的人類都必須自問的問題：

你們可以、你們願意創造一個新的文化故事嗎？你們可以、你們願意設計一個新的最初文化神話，讓其他所有的神話都建立在上面嗎？

人類是性本善？還是性本惡？

這正是你們來到的十字路口。人類的未來端靠你們的抉擇而定。

如果你和你的社會相信你們天生是善良的，則你們的決策與法規都將是肯定生命的，是建設性的。如果你跟你的社會相信你們天生是邪惡的，則你們的決策與法規就將是否定生命的，破壞性的。

肯定生命的法規是允許你去是、去做、去有你想要的事物的法規。否定生命的法規是不讓你去是、去做、去有你想要的事物的法規。

凡相信原罪的人，凡相信人性本惡的人，就會宣稱神所創造的法規不允許你去做你想做的事，並提倡同樣的人為法規（其數無盡）。

凡相信原福的人，凡相信人性本善的人，就會宣稱神所創造的法規允許你去做你想做的事，並提倡同樣的人為法規。

你對人類的觀點是什麼？你對你自己的觀點是什麼？如果完全任憑你自己，你認為你自己是可信賴的嗎？不論什麼事情？別人呢？你認為他怎麼樣？在別人尚未向你顯示他們自己的心意前，什麼是你的基本設想？

現在，回答這個問題：你的設想是有助於你們社會的破滅，還是有助於你們社會的突破？

我認為我自己是值得信賴的。我以前從不曾這樣，但現在我是這樣了。我變得值得信賴了，因為我改變了對自己的看法。我現在已清楚神要什麼，不要什麼。我已清楚了你。在這改變上，《與神對話》扮演了重大的角色。現在，我對社會的看法和對自己的看法相同：不是走向破滅，而是走向突破。我看到人類文化終於覺悟到它自己的神聖遺產，覺察到自己的神聖目的，越來越意識到自己的神聖自我。

如果這是你看到的，這就是你將要創造的。你曾失落，於今找到；你曾瞎眼，於今能看。這正是驚人的恩寵。（譯注：名歌〈奇異恩典〉的歌詞）

曾有一些時間，在你心中你與我是分離的，但現在我們已經又是一個整體，我們可以永遠如是。因為，凡是你結合的，沒有人可以分開。

記住：你永遠是一部分（a part），因為你永遠不可能分開（apart）。你永遠是神的一部分，因為你永遠不曾自神分離。

這就是你生命的真相。我們是整體。所以，你現在知曉整個的真相了。

這真理就是飢餓靈魂的食糧。拿去吃吧！整個世界都在渴望著這喜悅；拿去喝吧！為記得（re-memberance，重新成為其部分）我而這樣做。（譯注：乃天主教「領聖體聖血」儀禮中所言。）

因為真相是神的體，喜悅是神的血，而神是愛。

真相（真理）、

喜悅、

愛。

這三者是可以互換的。其一導致其二，不論以什麼順序排列。而三者都導致我。一切都是我。

是以，我以此結束這對話，正如以此開始。就如生命，它是一個圓滿的循環。在此，已將生命中最大秘密的答案交給了你。現在，只剩下一個問題。這就是我們以之開始的那個問題。

問題不在我對誰說，而在有誰在聽？

謝謝你。謝謝你說給我們每個人聽。我們聽到了；我們會聽。我愛你。而在此對話結束之際，我心中充滿了真理、喜悅與愛。我心中充滿了你。我感到與神的合一。

那合一之境就是天國。

你現在已身在此處。

你從來就未曾不在此處，因為你從來就未曾不與我合一。

這是我深願你知道的。這是我深願你終於能從這番話中得到的。

而這是我的訊息，我深願留給世人的訊息：

我在天國的孩子們，你們的名字是神聖的。你們的國度降臨在此世，如降臨在天國；你們的意願完成在此世，如完成在天國。

今天，給予了你們日用的食糧，寬恕了你們的債務和你們的冒犯，就如你們以同樣程度寬恕了別人的冒犯。

不要把你自己帶到誘惑中，要將自己從你所創造的惡事中救出來。

因為王國是你的，權力是你的，榮耀是你的。永遠永遠。

阿門。
復阿門。

去吧，去改變你的世界。去吧，做你至高的自己。現在你已了解了你需要了解的一切。現在你已知曉了你需要知曉的一切。現在你已是你需要是的一切。

你從沒有不是這樣過，只是你不知道。你不記得。

現在，你記得了。要時時帶著這記憶。要跟你所接觸的每個人分享。因為你的命運之恢宏要遠遠超過你一切的想像。

你來到這屋中是為治癒這屋子。你來到這空間是為治癒這空間。

你來這裡別無其他原因。

要知道：我愛你。你永遠擁有我的愛，現在如此，永遠如此。

我永遠與你同在。

以一切的方式。

神啊，再見。謝謝你給我們這些對話。謝謝你，謝謝你，謝謝你。

而你，我奇妙的造物，謝謝你。因為你重又給了神一個發言的機會，並在你心中給了神一個地位。我們兩個所需要的全部就是如此。

我們又重相合了。這非常好。

〈後記〉、神就在你裡面，你絕對能參與改變

你已讀完我由衷認為是我們這個時代最重要的心靈文獻之一。之所以重要，是因為截至二〇〇五年四月寫這篇後記為止，這套書已在我們這個星球上造成莫大的影響。我確定，這與日遽增的影響力，將在其後數年以及數十年持續擴散。的確，我相信待我離開人世許久以後，這份訊息仍將永垂不朽。它已經改變了七百多萬人的生活，而且這個數字將攀升到七千萬，然後是七億，爾後將持續不斷上升。

這是自吹自擂，或自尊自大？希望你不要這麼認為。對我來說，這是一份簡單的聲明，所陳述的是我確定為千真萬確的事：這則訊息從來就不專屬於我，也非為少數人而存在，而是為了傳播到整個世界。

得以扮演傳遞這則訊息的小角色（而這也確實是個小角色），我虛心接受且心懷感激。我所做的，只不過是提問而已。我提出我們所有人都在問的問題，之後再把答案記錄下來。我很確定我連記錄都記得不清楚或不詳實，而且過程中難免分神，因此不必特別感謝我或褒揚我，反而是我得懇求各位原諒，因為這麼重要的一件事，我卻做得如此不周全。

我很確定，無論再怎麼盡力，稍有不慎，我還是會讓自己的感情或想法干擾正在傳遞的訊息，侵犯訊息中的智慧，損害訊息的清晰度，甚或我們在這裡分享的訊息，與原本的資訊稍有（若非大幅）出入。坦白說，我相信這情形很少發生，但有就是有，每思及此便感到難過無比，我懇求各位原諒。假使善意能用來當作衡量標準，考量到這對話是在如此特殊的狀況下出現，我相信自己已盡了最大努力。

現在我要讓你自行思索在此發現的偉大真理，也就是：最偉大的真理根本不該在這裡發現，而是在你自己的內心、在你自己的靈魂、在你自己的思維裡。你要去想、去感覺、去認識這原本就與你同在的真理，因為你現在是、也將永遠是最高的來源，是唯一的權威，也始終是與神最偉大、最親密的聯繫。因此，不要求諸於己身之外，而是要往內、再往內，永遠往裡探求，去發現自己與神的合一性，去感受自己渴求的那份愛，去認識理解力所不能及的那份平靜。

神就在你裡面，時刻與你同在，永遠不離開你，無論你做了什麼，無論你現在正在做什麼，無論你可能要做什麼。你無法推開神，無法趕走神，在任何情況下，都無法要求神離你遠去。你永遠都不會發現神對你憤怒、或失望、或批判、或正義到棄你而去，絕對不會。你永遠都不會被譴責到永遠孤絕的境地，更遑論折磨了。你是被摟抱在神永恆的臂彎裡，永生永世。神的愛就是如此無垠無涯。

倘若你從這則訊息中得知了任何亙久不變的道理，請讓它是這件事。倘若這部作品捎來了任何重要的訊息，請讓它是：這個世界對神的觀念終於已經改變了。

許多記者、電視和廣播節目主持人、聽我演講的聽眾，以及寫信、打電話、寄電子郵件給我的人，他們曾多次問我：「如果神僅能為這個世界稍來一則訊息，會是哪一則呢？」我的答案始終如一，都是一句簡單的聲明：你們完全誤解我（神）了。

現在，在我讓你獨自思索已在這裡讀到的內容時，請容我再簡短地做個總結。

首先，有許多人說過：「要是我更早些知道這類的事，該有多好！我希望，真的希望，你能想辦法讓年輕人和兒童接觸到這則訊息。」

我已經這麼做了。青少年可閱讀《與神對話青春版》，至於兒童，我為他們製作了兩本非常特別的童書：《小靈魂與太陽》及續集《小靈魂與地球》。

還有人說：「真希望那些買不起這些書籍的人也能得知這則訊息。真可惜，你沒辦法把某些內容製成電子書，放在網路上供人免費下載。」

我也已經這麼做了，《神聖經驗》（*The Holy Experience*）是根據在這裡發現的訊息製成的免費電子書，可至www.nealedonaldwalsch.com網站下載。

在這個網站上，也可以看到非營利性的與神對話基金會，以及我們的姊妹機構「人類小組」（Humanity Team）的工作成果消息。

「與神對話基金會」所做的事是製作教育資料、計畫，並提供僻靜會給那些有意更深入挖掘在此發現的資訊，學習如何能將這些訊息應用於日常生活中的人。至於那些想傳授這些資訊的人，「與神對話基金會」也提供了非常特別的訓練，本基金會的生命教育計畫已派遣教師到全球各地的城市、鄉鎮與村落。

「人類小組」是一種全球性的運動，在書寫這篇後記時，成員已超過一萬人。這是一種真正的草根運動，被稱為「一種靈魂的民權運動，終於將人類從信念的壓迫中釋放出來，不再以為神是殘暴的、憤怒的、有仇必報的。」人類小組的任務是創造可能性的空間，讓一種新形式的靈性得以在地球出現，以表達人類渴望體驗神的衝動，卻又不至於讓人用錯誤的方式來進行這件事。

再次提醒，你可透過www.nealedonaldwalsch.com入口連結到以上所有資訊。

現在提出最後的一項邀請。在與神對話的資訊激盪出的所有反應中，我最常聽到的一件事是：「我能做什麼？我希望看到所有人都獲得這則改變人生、更新心靈的訊息！這項改變能改造世界，我希望成為其中的一份子。我能做什麼呢？」

你能做的事其實有很多。你可以成為我們這顆星球上的心靈助手，你可以成為你希望能在世上看到的這項改變的一份子。在此邀請你到上列網站，查閱一本影響強大的小冊子，《改變的一部分：你身為心靈助手的角色》（*Part of the Change: Your Role as a Spiritual Helper*）。這本手冊內容雖少卻清楚直接，概述你現在就能採行的十大步驟，讓你能在日常生活經驗中創造改變，並成為你接觸到的所有人的心靈指路者。只要索取，我就會把這本小冊子的電子版用電子郵件寄給你。

在此感謝你找到這套《與神對話全集》（隨身典藏版）。如果你有認識的人讓你覺得在這裡發現的訊息可能有益於他，請把你的書交給他。這套書你隨時都買得到，更何況又可以為你關心的人的生活帶來無窮盡的好處。

祝福你，現在和永遠。願神展現在你生活中。

NOTES

・享受並慶祝所有你已創造的一切，排斥它任何一部分，就是排斥你自己的一部分……承認它、保有它、祝福它，並且為之感恩……詛咒它就是詛咒你自己。

NOTES

・沒有巧合，也沒有什麼事是「因意外」而發生的。每件事和每件冒險，都是你的靈魂招來你自己身邊的，以使你能創造並經驗你真的是誰。

NOTES

・你一直並且永遠都在純粹創造的片刻。
所以人生的重點是創造——
創造你是誰和你是什麼，然後去經驗它。

NOTES

• 沒有一件事其本身是痛苦的，痛苦是錯誤思想的結果……
痛苦來自你對一件事的批判。去掉批判，痛苦便消失了。

NOTES

・宇宙律法之一：你可以是、可以做，並可以擁有任何你能想像的東西。思維是有創造力的。

國家圖書館出版品預行編目資料

與神對話全集／尼爾．唐納．沃許（Neale Donald Walsch）著；
王季慶、孟祥森 譯. -- 初版. -- 臺北市：方智，2012.3
1120面；14.8×20.8公分 --（新時代；151）
譯自：The Complete Conversations with God
ISBN：978-986-175-260-0（全套：隨身典藏版）

1. 超心理學 2. 神

175.9 101001033

方智出版社
Fine Press

http://www.booklife.com.tw inquiries@mail.eurasian.com.tw

新時代 151

與神對話III（下）

作　　者／尼爾．唐納．沃許（Neale Donald Walsch）
譯　　者／孟祥森
發 行 人／簡志忠
出 版 者／方智出版社股份有限公司
地　　址／台北市南京東路四段50號6樓之1
電　　話／（02）2579-6600．2579-8800．2570-3939
傳　　真／（02）2579-0338．2577-3220．2570-3636
郵撥帳號／13633081　方智出版社股份有限公司
總 編 輯／陳秋月
資深主編／賴良珠
責任編輯／張瑋珍
編輯協力／應佳燕
美術編輯／劉鳳剛
行銷企畫／吳幸芳．簡　琳
印務統籌／林永潔
監　　印／高榮祥
校　　對／賴良珠
排　　版／杜易蓉
經 銷 商／叩應股份有限公司
法律顧問／圓神出版事業機構法律顧問　蕭雄淋律師
印　　刷／祥峯印刷廠
2012年3月　初版
2024年8月　24刷

特價：999元（定價：~~1400~~元）　ISBN 978-986-175-260-0　　Printed in Taiwan